逄先知文丛

逄先知 著

党的建设与党的历史

关键在党

Copyright © 2018 by SDX Joint Publishing Company.
All Rights Reserved.

本作品版权由生活·读书·新知三联书店所有。
未经许可，不得翻印。

图书在版编目（CIP）数据

关键在党：党的建设与党的历史／逄先知著．—北京：生活·读书·新知三联书店，2019.6（2021.6重印）
（逄先知文丛）
ISBN 978-7-108-04585-0

Ⅰ.①关…　Ⅱ.①逄…　Ⅲ.①中国共产党－党的建设－文集
Ⅳ.①D26-53

中国版本图书馆 CIP 数据核字（2018）第 244060 号

责任编辑	胡群英　唐明星	
装帧设计	蔡立国　刘　洋	
责任校对	张国荣	
责任印制	卢　岳	
出版发行	生活·讀書·新知三联书店	
	（北京市东城区美术馆东街22号 100010）	
网　　址	www.sdxjpc.com	
经　　销	新华书店	
印　　刷	三河市天润建兴印务有限公司	
版　　次	2019年6月北京第1版	
	2021年6月北京第5次印刷	
开　　本	635毫米×965毫米　1/16　印张14	
字　　数	133千字	
印　　数	18,001-23,000册	
定　　价	38.00元	

（印装查询：01064002715；邮购查询：01084010542）

逄先知工作照

在特里尔马克思故居门前,摄于2007年6月10日

总　序

　　1950年3月,我从华北人民革命大学分配到中南海中共中央书记处政治秘书室。这是一个专门为毛泽东主席和其他几位中央书记处书记处理群众来信来访的工作机构,后来改名中央办公厅秘书室。从同年11月起,我在田家英同志领导下,管理毛主席的图书并先后参加《毛泽东选集》一至四卷的编辑工作,担任他的秘书,直到1966年5月"文化大革命"开始。这期间,曾随田家英同志(时任中央政治研究室副主任)在中央政治研究室(毛主席决定成立的)工作了三年多;参加过毛主席指派田家英同志领导的几次重要的农村调查和工厂调查;协助田家英同志起草过一些中央文件。

　　"文革"中我被隔离审查,在秦城关了七年多。1975年,根据毛主席的指示,我和关在秦城的许多同志一起被释放,恢复了自由。我又到中办"五七学校"劳动锻炼了两年多。1977年恢复工作,任职于中国科学院政策研究室。

　　1980年,毛泽东主席著作编辑委员会办公室改组为中央文献研究室，继续编辑毛泽东的选集和其他专题文集。由于我参加过《毛泽东选集》编辑工作，组织上把我从中国科学院调到中央文献研究室。2002年，我七十三岁时从中央文献研究室的领导工作岗位上退下来，办了离休手续，后又继续工作了十年，直到2013年《毛泽东年谱（1949—1976）》出版，时年八十四岁。我于1983年被评为编审。算起来，我在中央文献研究室实际工作了三十四年，成为一名党的文献工作者。我热爱这个工作，投入了全部精力。在这三十四年里，就编研业务方面来说，我主要从事的是毛著、毛年谱、毛传的编辑和撰写工作，还参与主持《邓小平文选》一至三卷的编辑工作。

我没有什么专著，主要是结合编研工作，在报刊上发表了一些文章。从这些文章中，大体可以看出我的工作经历。

三联书店的同志提出，要为我出一套文丛。我从多年来发表的文章中选出五十九篇，按内容主题分为四册。所有这些文章，除个别篇目外，都按照发表时间顺序排列。本书引用毛泽东、邓小平的文章，均根据人民出版社1991年出版的《毛泽东选集》第2版、人民出版社1994年出版的《邓小平文选》第2卷和1993年出版的《邓小平文选》第3卷。

第一册《伟大旗帜》，谈毛泽东和毛泽东思想。这是我参加毛著、毛年谱、毛传编撰工作中写的心得体会文章，和在几次毛泽东思想研讨会上做的报告和讲话。这些文章、报告和讲话，着重介绍毛著、毛年谱、毛传，强调坚持和发展毛泽东思想，论述毛泽东的历史功绩，以及如何看待毛泽东晚年所犯的错误等，可以看作我对毛泽东和毛泽东思想的研究成果。第一册开卷篇《中国人民革命胜利的伟大纪录》，是介绍《毛泽东选集》第四卷的，发表于1960年的《中国青年》杂志。这是文丛中唯一一篇"文革"前写的文章，距今已五十七年，不可避免地带有当时的历史烙印。有五篇写毛泽东读书生活的，记录了我为毛泽东管理图书的所见所闻，为世人留下一些毛泽东读书情况的记忆。这五篇文章曾收入三联书店出版的《毛泽东的读书生活》一书。

第二册《光辉道路》，谈中国特色社会主义理论。主要介绍邓小平著作和他的中国特色社会主义理论（中共十五大定名为邓小平理论）。其中一个内容是阐述毛泽东思想和中国特色社会主义理论的关系，强调后者是对前者的继承和发展。我一直认为，这是一个非常重要的问题。把这个问题说清楚了，就可以理解中国共产党的指导思想是一脉相承的，又是与时俱进的，是马克思主义在中国具体化的历史发展过程。任何把毛泽东思想和中国特色社会主义理论割裂开来、对立起来，都是错误的。在第一册的文章中，也特别论述了这个问题。中国特色社会主义理论在实践中不断发展。继邓小平理论之后，经过江泽民提出的"三个代表"重要思想、胡锦涛提出的科学发展观，形成习近平新时代中国特色社会主义思想，成为中国共产党长期坚持的指导思想。

第三册《关键在党》，谈中国共产党的建设和党的历史。这一部分是以毛泽东思想、中国特色社会主义理论、十八大以来习近平总书记的有关讲话精神为指导，论述党建与党史方面的一些问题。这些文章主要是回答：为什么必须坚持中国共产党的领导；中国共产党有哪些独特的优势；在新的历史条件下，如何加强党的建设；怎样做一个合格的共产党员，等等。还有几篇关于中共党史的论文。有几篇我认为比较重要的，是针对党内和社会上出现的一些错误思潮，有针对性地发表的个人看法。其中《回顾毛泽东关于防止和平演变的论述》一文，曾由中央文献出版社出版过单行本。

第四册《怀人说史》，收集了为缅怀我所敬仰的几位领导同志田家英、胡乔木、胡绳和好友龚育之同志所写的纪念文章。其中《毛泽东和他的秘书田家英》是为纪念田家英同志写的长篇回忆文章。它从一个侧面，反映了"由40年代到60年代的毛泽东的思想变化，进而了解这一期间的中国共产党和中国历史命运"（胡乔木语）。文中着重记述了毛泽东派田家英组织的几次农村调查的来龙去脉，这几次调查我都参加了。这篇文章曾在几家中央级报刊连载，收入中央文献出版社出版的《毛泽东和他的秘书田家英》一书。胡乔木同志为此文写了一篇《校读后记》。《我所了解的胡乔木同志》，原题为《永远怀念胡乔木同志》，是笔者在胡乔木诞辰八十二周年纪念座谈会上的发言，收入文丛时做了大量补充，篇幅增加了两倍。增加的内容都是从我的笔记本中摘录的,是当年胡乔木同志同我或我们的谈话记录。

另外,根据原中央办公厅秘书室五位老同志的座谈情况和另外一些知情的老同志提供的回忆材料,整理而成并在《炎黄春秋》发表的《揭穿〈戚本禹回忆录〉中的谎言》一文,作为附录收入第四册。此文由我执笔整理。

最后,做一点说明。除了文丛第四册的《我所了解的胡乔木同志》一文,其他文章均保持原貌,主要校正了个别史实的错讹,做了一些文字修改。

逄先知

2018 年 7 月

目 录

延安整风是毛泽东同志对党的建设的伟大贡献　1

抗日民族统一战线的几个问题　22

关于党的文献编辑工作　52

回顾毛泽东关于防止和平演变的论述　79

继承和发扬党的优良传统和作风　102

下苦功夫研究马克思主义　111

保持共产党员的先进性　做合格的先锋战士　115

"五四"感言　129

我党加强理论学习的优良传统及重要启示　133

党史工作者的一项重要任务　147

一部重要的党史著作　150

关于中国共产党的基本历史经验　159

从井冈山精神到西柏坡精神　171

进行群众路线教育的极好教材　179

陕甘革命根据地的历史贡献　184

关于意识形态问题的一些看法　189

发扬长征精神，走好新的长征路　198

中国共产党是有独特优势的马克思主义政党　203

延安整风是毛泽东同志对党的建设的伟大贡献 *

今年纪念毛泽东同志诞生九十周年,正值中国共产党根据十二届二中全会的决定,开始进行全面整党的时候。这次整党,将是1942年延安整风以后又一次意义重大、影响深远的整党。在这个时候,重温延安整风的历史经验,学习毛泽东同志的有关论述,是很有意义的。这也是对毛泽东同志一个很好的纪念。

一

延安整风是我党历史上极其光辉的一页,也是国际共产主义运动中的一个伟大创举。它在我们党的建设历程中发挥了并且继续发挥着巨大的作用。

---

* 这是作者在中央党史研究室、全国中共党史研究会1983年10月5日至12日举办的"全国毛泽东思想讨论会"上作的学术报告,发表在《红旗》杂志1983年第23期。

延安整风发生在40年代初期，绝不是偶然的。它是当时中国革命发展的必然要求，有着深刻的历史背景。

我们党从成立到40年代初已有二十年的历史。在这中间，中国革命取得过伟大的胜利，也遭受过严重的挫折；既有成功的经验，也有失败的教训。为着领导中国革命继续前进，我们党亟须对中国革命经验加以总结，使全党分清正确的指导思想和错误的指导思想的是非界限，进一步掌握马克思列宁主义理论与中国革命实践相结合的科学思想，提高执行正确路线、方针、政策的自觉性，在这个基础上实现全党思想上、政治上的统一和行动上的一致。

从遵义会议到六届六中全会，我们党批判和纠正了王明在十年内战后期的"左"倾错误和抗战初期的右倾错误。但是，由于没有来得及在全党范围内，对党的历史经验教训进行系统的总结，自上而下地有领导地进行全面的思想教育，王明错误的流毒和影响，主要是主观主义、宗派主义以及它们的表现形式党八股在党内的影响，还没有肃清。它妨碍着党的统一和一致，甚至在一定时期内，在局部地区和某些方面，给革命事业继续带来损害。党内有些同志，对王明的错误还缺乏正确认识，有的虽然认识了这种错误，但对于为什么发生这样的错误，错误的根源是什么，还是不清楚的。抗战以后，有大批小资产阶级出身的革命分子加入到党内。他们有革命热情，但是没有受到比较系统的马克思主义的教育，没有经过严格的思想改造，把小资产阶级和其他非无产阶级的一些思想、感情、作风带到党内。他们比较容易接受和欣赏一些空洞的革命词句，容易产生同无产阶级党性要求相抵触的缺点和毛病。这些新党员当时在党内占了绝大多数。这就为主观主义、宗派主义和党八股在党内滋长，提供了一定的土壤。

党中央和毛泽东同志正是为了改变党内思想认识不完全一致、思想状况比较复杂的情况，发动了全党的整风运动。当时，我们党正处在抗日战争时期最困难的阶段，也是抗日战争相持的阶段，为了战胜困难，也需要而且有可能进行全党的整风。

这次普遍的整风运动，经过了长期的政治上、思想上、理论上以及组织上的准备。按照毛泽东同志的说法，这个准备从遵义会议就开始了。准备时期大体上可以分为两段。

从遵义会议到六届六中全会以前这一段，毛泽东同志分别从政治路线方面和军事路线方面，总结中国革命的经验，批判王明在政治策略上的"左"倾关门主义和军事上的"左"倾教条主义，制定了正确的政治策略与中国革命战争的战略和战术。接着他又从马克思主义的世界观和方法论的高度，总结中国革命经验，揭露教条主义的错误实质，为全党整风提供了有力的哲学思想武器。从六届六中全会到1942年2月全党整风开始以前这一段，我们党克服了王明在抗战初期的右倾投降主义错误，以毛泽东同志为代表的正确路线在全党的统治地位进一步地巩固和加强。毛泽东同志继续在思想理论方面进行大量的工作，系统地阐述马克思主义关于理论联系实际的基本原则，批判主观主义的错误思想。根据毛泽东同志的提议，党中央组织了党内高级干部学习马克思列宁主义基本理论，学习和研究党的历史，总结党的历史经验，从政治路线上分清了是非，从而在马克思列宁主义的基础上达到基本一致的认识，为全党整风创造了根本的条件。

到1942年春，全党整风的条件完全成熟，整风运动的普遍开展已经是势所必至、水到渠成。这一年2月，毛泽东同志发表《整顿党的作风》和《反对党八股》的著名演讲，明确提出全党整风的任务是：反对主观主义以整顿学风，反对宗派主义以整顿党风，反对党八股以整顿文风。全党的普遍整风运动由此开始。

二

延安整风最主要的任务，是反对主观主义，解决党内马克思主义与主观主义的矛盾，用马克思列宁主义理论与中国革命实践相结合的思想武装全党。

我们党曾经在一个相当长的时间内为主观主义所统治。主观主义给党带来的危害是极其严重的，几乎葬送了中国革命事业。不论是陈独秀的右倾机会主义，还是王明的"左"倾机会主义，其思想根源都是主观主义。

但是，长期以来党内许多人包括一些领导人并没有认识到这个问题，错误连续不断地发生。就第二次国内革命战争时期来说，纠正了瞿秋白同志的错误，又出了李立三同志的错误；纠正了李立三同志的错误，又出了王明的错误。一次又一次地犯错误，其思想上的共同点是理论与实际相脱离，主观与客观不相符合。他们认识问题和解决问题的方法不是从实际出发，而是从书本出发，或者从主观愿望出发，或者照抄照搬外国的经验。从遵义会议以后，以毛泽东同志为代表的党中央，从实际出发，制定和实行符合客观情况的路线、方针和政策，这才使中国革命走上胜利发展的道路。从中国革命正反两方面的经验中可以清楚地看出，在党的指导思想上，反对和纠正主观主义，是我们党的一个生死攸关的问题。

在各种形式的主观主义的思想方法中，在当时情况下，教条主义对革命的危害最大。教条主义曾经迷惑和俘虏了不少的人。要揭穿教条主义的错误，清除它的毒害，在那个时候是很不容易的。毛泽东同志对什么是理论、什么叫理论家所作的马克思主义的解释，对揭穿教条主义的欺骗性起了重要作用。他说："真正的理论在世界上只有一种，就是从客观实际抽出来又在客观实际中得到了证明的理论，没有任何别的东西可以称得起我们所讲的理论。"[1]只有用马克思主义的观点来研究实际

---

[1]《毛泽东选集》第3卷，人民出版社1991年第2版，第817页。

问题和解决实际问题，能够对于实际问题给予科学的解释，给予理论的说明，才是我们党所需要的理论家。毛泽东同志的这些精辟的论述，澄清了党内长期存在的一些糊涂观念，把人们的思想认识提到一个新的水平，使一些犯过教条主义错误或者受到教条主义蒙蔽的人，从迷悟中猛醒过来，懂得了不与实际相联系的空洞的理论不是真正的理论，这种"理论"对革命不仅无益，而且十分有害。只能背诵一些马克思列宁主义词句而不去应用或者不会应用的人，称不上什么理论家。

毛泽东同志在反对主观主义主要是教条主义的斗争中，特别强调中国共产党人要着力研究中国的实际，包括它的历史和现状；要领会马克思列宁主义的精神实质，把它运用到中国的具体的环境，使马克思列宁主义理论与中国革命的实践相结合，在中国创造新的东西。王明等教条主义者恰恰相反。他们只知道生吞活剥地谈外国，从书本上讨生活，根本"忘记了自己认识新鲜事物和创造新鲜事物的责任"。他们自己没有积极的创造性，反而摧毁别人的创造性，压制一切新思想的生长。在他们统治全党的时期内，革命思想被窒息，创造精神被压抑，人们头脑闭塞，思想僵化，闹得一点生气也没有了，使中国革命几乎走进了绝境。所以，延安整风的锋芒不能不首先指向党内的教条主义，特别是王明的"左"倾教条主义。

党八股是主观主义在文风上的表现。不清除党八股，生动活泼的革命思想不能启发，实事求是的精神不能发扬，主观主义就还有一个藏身的地方。所以，要彻底反对主观主义，不能不同时反对党八股。

应当指出，反对主观主义，反对教条主义，在任何意义上都不是说，可以稍许放松、稍许忽略对马克思列宁主义理论的学习和研究，而是更加强调学习理论这一重要任务。在党的历史上，教条主义的错误领导所以能够统治全党，正是乘了我们党当时对马克思列宁主义的认识水平还不高、对中国革命的认识水平也不高这一个弱点。人们对于教条主义者散布的假马列主义的东西识别不出来，即或识别出来了，也缺乏理论的武器与之斗争。毛泽东同志早已感到这个问题的严重性，他不仅向全党提出学习和研究马克思列宁主义理论的任务，而且自己身体力行，以极大的精力，攻读和研究马克思列宁主义理论，特别是哲学，用马克思列宁主义理论研究中国革命实际，写出许多著名的马克思主义著作。他还直接指导党中央的一些领导同志研究马克思主义哲学。延安整风就是在要求高级干部努力掌握马克思列宁主义理论的基础上开展的，而在整风过程中又进一步提高了全党的理论水平。毛泽东同志在1941年9月政治局扩大会议上曾经提出使中国实践经验马克思主义化的概念，用以说明提高理论、用马克思主义理论总结中国革命经验的重要性。这个概念具有重要的理论价值和实践意义，它同"马克思主义中国化"的概念，从两个方面表述了马克思列宁主义普遍真理与中国革命具体实践相结合这一思想原则。

"只有打倒了主观主义,马克思列宁主义的真理才会抬头。"[1]延安整风批判主观主义特别是教条主义,发展了马克思列宁主义与中国革命实践相结合的思想,使广大党员的精神从主观主义特别是教条主义的束缚下解放出来。所以说,延安整风是一次伟大的思想解放运动,为马克思列宁主义在中国的发展开辟了广阔道路。

延安整风最伟大的功绩,就是使全党掌握了马克思列宁主义与中国革命实践相结合这个基本方向,学会了用马克思列宁主义理论解决革命实际问题的方法,在全党确立了实事求是的思想路线,并在这个基础上达到全党的思想统一。

三

反对宗派主义是延安整风的另一个主要任务。

实现全党的统一,仅有思想上的统一是不够的,还需要有组织上的统一,以组织的统一保证思想的统一。反对宗派主义,就是为了从组织路线方面保证全党统一的问题。

在党的历史上,主观主义和宗派主义是互为条件同时并存的。指导思想是主观主义的,组织路线必然是宗派主义的。宗派主义随着主观主义的发展而发展,反转过来它又维护主观主

---

[1]《毛泽东选集》第3卷,人民出版社1991年第2版,第800页。

义领导的统治，助长主观主义的发展。要彻底反对主观主义，必须同时彻底反对宗派主义。

遵义会议以后，宗派主义在党内已不占统治地位，但其残余依然存在，例如，山头主义，小团体主义，这一部分干部与那一部分干部之间、这一部门和地区与那一部门和地区之间的不团结，等等。毛泽东同志在《整顿党的作风》一文中所列举的党内宗派主义的种种表现，都是应当反对和纠正的，但就对革命的危害来说，闹独立性是最危险的一种。它破坏党的统一，损害党的团结，同无产阶级政党的组织原则是根本不相容的，尤其应当坚决反对和纠正。

闹独立性的人，没有全局观念。他们在对待局部利益和全体利益的关系上是不正确的，"总是不适当地特别强调他们自己所管的局部工作，总希望使全体利益去服从他们的局部利益"[1]，甚至为了局部利益而损害和牺牲全体利益。他们没有纪律观念。他们忘记了少数服从多数，下级服从上级，局部服从全体，特别是全党服从中央这个党内最根本的纪律。他们不把党中央当作全党意志的集中者，自以为比中央还高明。中央的决议和指示可以置之不理，另搞一套；或者服从一部分，不服从一部分，合自己口味的就服从，不合自己口味的就不服从。"把发扬独立工作能力、发扬马克思主义的创造性这些正确的

---

[1]《毛泽东选集》第3卷，人民出版社1991年第2版，第821页。

东西,与不服从上级、不服从多数、不服从中央、将个人与党对立、个人超过了党(个人突出)、个人英雄主义(与民族英雄主义、群众英雄主义相区别的)这些错误的东西,混淆起来。"[1]他们没有团结观念。他们不懂得,党的团结是党的生命,党的团结的唯一中心是党的中央。任何地区、任何部门的党的组织和工作都是在中央统一领导下的不可分割的一部分。他们没有群众观念。他们不愿意使自己少数人的利益服从全党和全体人民的利益,一心只想到少数人的利益,根本忘记了全党和全体人民的利益。他们在干部政策上,不是任人唯贤,而是任人唯亲。拉拢同他们气味相投的人,排挤、打击不同意他们意见的人,拉帮结派,自成系统。张国焘是向党中央闹独立性极端严重的例子。毛泽东同志常常用这个例子告诫全党,预防这种现象的发生,将各种不统一的现象完全除去。毛泽东同志说:"每一个党员,每一种局部工作,每一项言论或行动,都必须以全党利益为出发点,绝对不许可违反这个原则。"[2]这应当成为我们每一个共产党员的座右铭。

毛泽东同志指出,闹独立性的人常常跟他们的个人第一主义分不开,他们在个人和党的关系问题上,往往是不正确的。他们在口头上虽然也说要尊重党,但在实际上却把个人放在第

---

[1] 《毛泽东文集》第2卷,人民出版社1993年版,第390页。
[2] 《毛泽东选集》第3卷,人民出版社1991年第2版,第821页。

一位，把党放在第二位。毛泽东同志这个分析不仅适用于闹独立性的人，而且适用于一切闹宗派主义的人。反对宗派主义实质上就是解决个人与党的关系，局部与全体的关系问题。

宗派主义是资产阶级和小资产阶级个人主义思想同封建行会思想交织一起在党内的反映。它同无产阶级的党性和共产主义精神是根本对立的，同建设一个集中的、统一的、团结一致的和有战斗力的党的要求是不相容的。没有经过马克思主义教育的人，没有受过严格的党性锻炼的人，极容易沾染和滋长宗派主义思想。因此，在党内进行顾全大局、遵守纪律、加强团结、联系群众的思想教育，进行个人利益服从党的利益的党性教育，提倡共产主义精神，是绝对必需的。延安整风中反对宗派主义的斗争，就是对党的干部和广大党员系统地进行这方面的教育。

四

延安整风是马克思主义同主观主义、无产阶级思想同非无产阶级思想的一场斗争。在这场斗争中，各种非无产阶级思想不能不表现出来，自由主义是表现非常突出的一种。

自由主义当时在党内相当普遍而严重地存在着。有的人在政治上思想上是非不明，对错误言论不批评、不斗争，同错误思想和平相处，甚至对它表示同情；而对于批评错误言论的做法反而不满，对于因发表错误言论而受到批评的人存在温情心理，认为对他们批评过火。有的人主张个人的言论行动绝对自由，否认甚至厌恶党的原则和组织纪律性；个人意见第一，不要组织纪律。有的人以强调"民主"为理由，主张让各种思想自由发展，反对从领导方面按照党的原则纠正错误思想。有的人违反党的纪律，任意散布损害党、损害革命利益的种种谣言。如此等等。所有这些思想上、政治上、组织上的自由主义的表现，严重地损害了党的统一意志、统一行动和统一纪律。党中央和毛泽东同志把纠正自由主义倾向作为整风的重要内容在全党普遍进行，是非常必要的。毛泽东同志和当时一些担负地方领导工作的同志如邓小平同志，在讲到整风问题的时候，都曾经把反对自由主义同反对主观主义、宗派主义和党八股，放在同等重要的地位。

毛泽东同志当时针对自由主义和各种错误思想泛滥的情况，提出要有组织地反驳错误思想。1942年5月28日，他在高级学习组的报告中讲到这个问题的时候说：一个共产党员占多数的地方，错误思想一出来，居然没有人出来反驳。有的明明知道是错误的，没有勇气去反驳。要发展马克思主义的影响，不能让错误的意见发展。小资产阶级思想发展影响无产阶级正确思想的广大发展。有了错误的意见，一个共产党员应该坚持原则性，应该立即起来反驳。允许什么意见都可以讲这是一，对错误的意见组织反驳这是二，这两者是不可分的两个方面。毛泽东同志的这段话，表现了共产党员应有的马克思主义的原则立场和坚定性。

1935年1月召开的遵义会议，结束了以王明为代表的"左"倾错误在党中央的统治，重新确立了正确的路线。但这以后，党内也出现了某些缺点和偏向，主要是自由主义的滋长。毛泽东同志指出，遵义会议以前，在党内关系上主要的倾向是"左"，是过火的斗争。遵义会议以后，党内主要的坏倾向是自由主义；过火的斗争仍然存在，在某些地方甚至还是比较严重的，但就全党来说已经不是主要的倾向。而有些过去犯过"左"倾错误的同志，遵义会议以后却又犯了右的自由主义的毛病。

遵义会议以后，我们党为纠正"左"倾错误而在党内和党外实行了正确的宽大政策。例如在党内，不论什么人犯了错误，只要坚决改正，就对之采取宽大方针。这个政策，收到了好的效果。但在具体执行中，有些地方和部门却作了不正确的解释，把宽大政策变为自由主义。有些部门对待干部缺乏严肃的态度，只强调团结教育的一面，忽略了对错误进行批评以至必要的斗争的一面。毛泽东同志指出，这是对宽大政策的误解，以致麻痹了自己，把自己搞得昏头昏脑。党的正确的干部政策应当是：第一是团结，第二是有了错误要进行批评。反对党内的过火斗争，并不是要代之以无原则的党内和平，取消积极的思想斗争，而应当是正确地开展批评和自我批评，坚持真理，修正错误。

早在1937年，毛泽东同志就发表《反对自由主义》一文，历数革命队伍内部自由主义的种种表现，揭露自由主义的实质及其危害，分析自由主义产生的根源。这是一篇战斗的马克思主义文献。它启发和指导广大党员在整风运动中同自由主义进行有效的斗争。

毛泽东同志指出，自由主义同马克思主义是根本冲突的，它是消极的东西，客观上起着援助敌人的作用。马克思主义在本质上是批判的，批判旧世界，批判资产阶级和其他非无产阶级的坏的东西。自由主义恰恰相反，它取消思想斗争，对错误的、丑恶的东西，采取放任自流的态度。而取消思想斗争，就是放弃马克思主义的思想阵地，就是容忍非无产阶级思想向马克思主义进攻，让它们占领思想阵地。自由主义一发展，庸俗腐朽的作风必然滋长和泛滥，"使党和革命团体的某些组织和某些个人在政治上腐化起来"[1]。这是一个非常值得警醒的问题。特别是政治上的自由主义，以自由主义的态度对待党中央的路线、方针、政策，危害尤为严重。不断地同自由主义倾向作斗争，是建设一个统一的巩固的党不可缺少的条件。

当时党内自由主义的产生，从思想方法上来分析，就是毛泽东同志所说的"以抽象的教条看待马克思主义的原则"，言

---

[1]《毛泽东选集》第2卷，人民出版社1991年第2版，第359页。

行不一。就其社会根源来说，它是小资产阶级思想，而从历史渊源上讲，它则是自由资产阶级思想。我们党长期处在广大的小资产阶级包围之中，在抗日战争时期，在统一战线内部又实行广泛的阶级合作，资产阶级和小资产阶级的思想从四面八方袭来，腐蚀着党的肌体。在这种情况下，在党内反对自由主义，就具有特别重要的意义。

五

延安整风的根本方法，是在学习文件的基础上，通过检查工作和思想，开展批评和自我批评。从这个意义上说，延安整风也是党内广泛而深入的批评和自我批评运动。能否正确开展批评和自我批评，是关系整风成败的一个关键。

批评和自我批评是解决党内矛盾的主要方法。党内总是存在着先进与落后、正确与错误的矛盾。它们有的是新旧事物的矛盾在党内的反映，有的是阶级矛盾在党内的反映，有的则是认识上的矛盾。党的进步就建立在这些矛盾的不断展开和不断解决的基础上。党的生命力就在于能够用自我批评的方法，不断地清除和克服自身的缺点、错误和落后的东西，保持和发扬优点和先进的、正确的东西。丢掉了自我批评的武器，党就失去了活力，就会变质，以至最终停止自己的生命。当自我批评不能顺利开展，在党内没有形成批评和自我批评的风气的时候,强调批评的重要性,应当放在首要的地位。

毛泽东同志曾经从马克思主义的方法论上对批评和自我批评加以说明和强调。他说,马列主义的一个基本方法,就是分析。批评就是实行分析的方法。工作是一个整体,对它加以分解,指出成绩和缺点,发扬好的,去掉坏的,这就是批评。对自己的工作、自己的历史加以分析,这是自我批评;对别人进行分析,就是对别人进行批评。如果自以为是,对自己的工作不加分析,只讲成绩,不讲缺点、错误,这样就无法使工作进步。有些犯主观主义错误的同志就不懂得分析的方法。对工作要有谦逊的态度,要认识自己的不足,要经常想到自己有缺点,有错误,有不足,这样才能有进步。自称为百分之百的布尔什维克的王明,就是一个不懂得分析方法的人:对于自己,肯定一切,毫无自我批评精神;对于别人(不同意他的错误意见的人),则是否定一切,残酷斗争,无情打击。

批评有两种。一种是符合实际的并且用正确方法进行的批评,一种是不符合实际的并且是用错误方法进行的批评。毛泽东同志总结了党的历史上的经验教训,同时又针对整风当中在批评问题上出现的偏向,提出了关于进行批评和自我批评的一整套正确的方针和方法。"惩前毖后,治病救人"是一个总的方针。

"惩前毖后,治病救人"包含两方面的意思。其一是,对错误一定要揭发,不讲情面,以科学的态度加以分析和批判,以便使后来的工作慎重些，做得好些。其二是，揭发错误，批判缺点的目的，要像医生治病一样，完全是为了救人，而不是为了把人整死。任何犯错误的人，只要他真正愿意改正错误，就要欢迎他，把他的毛病治好，使他变成一个好同志。这两个方面是不可分割的。

批评必须从团结出发，这是前提。但是，不经过批评和自我批评，不把是非弄清，要达到团结也是不可能的。这就是团结同批评的辩证法。团结—批评—团结这个公式，是作为"左"倾教条主义者"残酷斗争，无情打击"的党内斗争方法的对立面，由毛泽东同志总结概括出来的。当然，我们所说的从团结出发，是从全党的团结出发，从全国人民的利益出发，而不是从一个小集团、一个宗派的利益出发。这是一个重要的原则。

批评的态度要好，要与人为善。对自己的同志必须是同志的态度，不能搞冷嘲暗箭，更不能用对待敌人的态度对待自己的同志。毛泽东同志说："批评应该是严正的、尖锐的，但又应该是诚恳的、坦白的、与人为善的。只有这种态度，才对团结有利。冷嘲暗箭，则是一种销蚀剂，是对团结不利的。"[1]

批评要实事求是。要以事实为根据，以科学的态度分析错误产生的原因和环境，进行正确的批评。特别是对待思想上的问题，要充分说理，简单粗暴的做法不但无助于问题的解决，

---

[1]《毛泽东文集》第2卷，人民出版社1993年版，第409—410页。

反而会激化矛盾。

延安整风由于实行了正确的而不是歪曲的、认真的而不是敷衍的批评和自我批评，最后实现了"既要弄清思想又要团结同志这样两个目的"，使全党达到空前的团结。

六

延安整风到现在已经四十年了。四十年以后回头来看这个事件，愈益感到它的意义是不可估量的。

在整风普遍开展不久，毛泽东同志曾经表示过这样的决心。他说：要把反主观主义这件事搞得彻底，一定要搞好，我们必须要下这样一个决心。如果搞不好就再搞，再搞没有搞好，还得重搞。总而言之，要搞彻底。有人反对就要说明，说了不服，还要再说，一定要使其心悦诚服。总而言之，一定要干到底，一定要整顿"三风"，来一个彻底的思想转变。

由于全党的努力，经过几年的时间，延安整风果然如毛泽东同志所期待的那样，达到了转变全党思想的目的，"保证了党在思想上政治上的一致，和党的组织成分的纯洁"[1]。我们党以崭新的面貌站在中国人民面前。发动和领导延安整风运动，是毛泽东同志在党的建设方面的一个伟大贡献。他在总结延安

---

[1]《毛泽东文集》第 3 卷，人民出版社 1996 年版，第 33 页。

整风的基础上，为中国共产党确立了优良的思想作风和工作作风，形成了完整的建党学说，丰富和发展了马克思列宁主义关于党的建设的理论，给我们留下了应当代代相传的珍贵的精神财富。延安整风教育了几代中国共产党人，包括我们党的老一辈革命家。经过他们，延安整风中建立起来的优良传统一代一代地传了下来，使我们党能够经受得住任何艰难险阻的考验。

延安整风所以能够取得如此巨大的成功，原因是多方面的，最主要有以下几点：第一，以毛泽东同志为代表的党中央是团结一致的，思想认识是统一的。第二，遵义会议以来党的路线、方针、政策已被实践证明是正确的，并为广大党员所认识。第三，党的主流是好的。正确的作风和健康的力量在党内占统治地位，不正之风居于次要地位。第四，党中央制定了一整套指导整风运动的正确方针、政策、步骤和方法。第五，有了长期的思想上理论上的准备。

历史经验表明，我们党在纠正了一个支配全党的错误指导思想、重新确立正确路线、实现历史性的转折以后，不可避免地要进行一次以统一思想、整顿作风为主要目标的全面整党。这是一个合乎规律的历史现象。它一方面要肃清过去错误思想的残余和影响，另一方面又要解决在新的历史条件下产生的新的问题，使全党在马克思列宁主义的基础上，团结一致地领导中国革命和建设事业大踏步地前进。延安整风如此，今天我们正在进行的整党也是如此。

今天的情况与延安时代是大不相同了。我们党已经成为领导全国政权的党，党的队伍比那个时候大多了。经过"文化大革命"的十年动乱，党的优良作风受到了极大的破坏。组织不纯的情况比延安整风时严重得多。党处在比过去更为复杂的历史环境，各种非无产阶级思想对党的侵蚀有所增强，并且已经腐化了和正在腐化着一些共产党员。同时，我们党正面临着进行现代化建设这个复杂而艰巨的任务。因此，这次整党的具体任务与延安整风有所不同，它具有新的特点和新的内容。它不仅要像延安整风那样普遍地进行马克思列宁主义的教育，整顿思想作风，而且还要着重进行组织上的清理，把它作为整党的一个重要目的。尽管如此，延安整风的基本经验在今天仍有现实意义，延安整风取得成功的基本条件今天同样具备，而且我们党又积累了许多新的经验。可以有把握地说，这次整党也一定会取得同延安整风一样的伟大胜利。

1945年，毛泽东同志从总结党的历史经验的高度，说明延安整风的意义。他说，我们在北伐战争和土地革命战争中都没有胜利，在客观上是因为帝国主义、国民党的力量强大，在主观上则是因为没有精神准备，思想糊涂，政策错误。现在，从国际国内的客观条件来说，我们已经有了胜利的可能，问题就在于要有精神上的准备。这几年的整风，就是从精神上作了胜利的准备，准备中国共产党在全国的胜利。40年代的延安整风为新民主主义革命在全国的胜利从精神上准备了条件。同样，我们也可以说，80年代的这次整党，将要从精神上为社会主义现代化建设的胜利准备条件。毛泽东同志在1942年4月的一次讲话中，对延安整风的历史作用说过这样三句话：战胜目前的困难，迎接未来的光明，创造一个新的世界。对于今天正在进行的整党，我们也应当作这样的估计。

抗日民族统一战线的几个问题 *

抗日民族统一战线，是在经过十年内战，日本帝国主义大举入侵中国并决心灭亡中国的历史条件下，在国共两党重新合作的基础上，建立起来的。统一战线的建立，使中国出现了全国抗战的新局面。

抗日民族统一战线是支持长期抗战并最终取得胜利的决定性力量。中国共产党为建立、维护和发展抗日民族统一战线，以坚韧不拔的毅力，作出艰苦的努力；同时创造性地提出和制定了一整套关于抗日民族统一战线的理论、政策和策略。这些理论、政策和策略丰富和发展了马克思列宁主义的革命理论，是毛泽东思想的重要组成部分。本文仅就抗日民族统一战线的几个主要问题，介绍毛泽东的有关论述，并谈谈我们的一些认识，作为对抗日战争胜利四十周年的纪念。

---

* 这是作者在中央党校、中央党史研究室、全国中共党史研究会1985年8月19日至24日举办的"纪念抗日战争胜利四十周年学术讨论会"上作的学术报告全文。曾与冯蕙联合署名发表在《红旗》杂志1985年第17期，发表时作了一些压缩。

抗日民族统一战线的特点

抗日民族统一战线同 1924 年至 1927 年第一次国共合作的统一战线相比较，有许多新的情况、新的特点。认识这些情况和特点，对于了解和研究中国共产党关于抗日民族统一战线的理论、政策和策略，是十分必要的。

第一，它是全民族的。1924 年至 1927 年的大革命主要反对的是国内敌人，参加统一战线的有工人、农民、城市小资产阶级和民族资产阶级。抗日战争反对的是异民族的侵略，参加统一战线的不仅有工人、农民、城市小资产阶级和民族资产阶级，还包括了除汉奸和大地主大资产阶级中的投降派以外的国内所有的阶级、阶层、党派、团体以及海外华侨等。如此广泛的统一战线，在中国近代革命历史上是前所未有的。统一战线的广泛性，增强了抗日阵营的力量，这是它的极大优点，但也带来了统一战线内部的复杂性，使中国共产党在制定统一战线政策和策略的时候，面临许多复杂的情况和艰难的任务。

第二，它是长期的。抗日战争的长期性决定了抗日民族统一战线的长期性。争取同国民党长期合作，反对破裂，以最后战胜日本帝国主义，始终是共产党坚持的战略目标。而且共产党还希望在战后两党继续合作，共同建设新中国。

第三，它是以代表不同阶级利益的两个政权、两个军队的合作为基础的。一方是国民党领导的全国政权和军队，一方是共产党领导的局部政权和军队。第一次国共合作时期国民党有几十万军队，但没有控制全国的政权；共产党既没有自己领导的政权，掌握的军队也很少。到抗日战争时期，国民党已经掌握全国政权，拥有庞大的军队。共产党则不但有了自己领导的局部政权，还有了自己的军队。两个政权、两个军队的合作，成为抗日民族统一战线突出的特点。这种合作的情况如何，决定着抗日民族统一战线的命运和抗日战争的胜败。国共合作主要是两党领导的军队的合作，抗日民族统一战线的形成首先是从军队的合作开始的。在抗战期间，两个军队各自担负一定的战略任务，互相配合，共同抗敌。统一战线内部的矛盾和斗争，尖锐的时候发展成为军队之间的武力摩擦。这给中国共产党的统一战线工作带来一些特殊的问题。

第四，它是没有成文的共同纲领和固定的组织形式。大革命时期的统一战线，在政治上，以国民党第一次全国代表大会宣言和孙中山的三大政策的三民主义为共同纲领；在组织上，以共产党员参加国民党为主要形式。抗日战争时期，由于国民党的反对和阻挠，国共两党始终没有达成一个能够约束双方的、为大家共同承认和遵守的共同纲领，也始终没有形成固定的统一战线组织形式。这一特点，给统一战线的巩固增加了困难。

第五，它是得到国际反法西斯国家的赞同和支持的。这与大革命时期的统一战线有很大的不同。那时，国际帝国主义处于相对稳定时期，世界革命处于低潮，几个主要的帝国主义国家支持中国各派军阀势力，反对中国革命，反对国共合作；唯一援助中国革命和支持国共合作的是苏联，但力量还不够强大。中国的抗日战争是世界反法西斯战争的重要组成部分，抗日民族统一战线不仅得到苏联的支持，也得到同日本有矛盾的美国和英国的一定程度的赞助和支持。这就为中国共产党争取国共长期合作，巩固统一战线，造成有利的国际条件。

应当特别指出的是，抗日战争时期，中国共产党已经是一个成熟的党。它在统一战线和武装斗争等方面都积累了丰富的经验，既有反对右倾错误的经验，又有反对"左"倾错误的经验，并且拥有一支经过战争考验的军队。共产党和它所领导的军队，成为抗日民族统一战线的中坚力量和重要支柱。这同大革命时期是大不相同了。这对抗日民族统一战线的形成、坚持和发展，直到取得抗日战争的最后胜利，是有决定意义的。

以上这些，就是中国共产党和毛泽东制定抗日民族统一战线的政策和策略的根据和出发点。

正确处理民族矛盾与阶级矛盾的关系，是抗日民族统一战线的基础

从1931年九一八事变特别是1935年华北事变以来，中日之间的民族矛盾逐渐上升为主要矛盾，国内矛盾降到次要的和

服从的地位。这种情况,使国内各阶级、各党派之间的关系发生重大变化。它影响和决定着国民党政策的变化、共产党政策的变化、国共两党关系的变化,同时也影响国际关系的某些变化。在日本帝国主义大举入侵面前,国内各阶级、各党派都面临生死存亡的问题,抗日救国的共同利益,使它们结成了抗日民族统一战线。

抗日民族统一战线的形成经历了一个过程,这个过程主要是由中日民族矛盾的逐步发展和深化决定的。

1931年九一八事变,日本帝国主义侵占东北,引起民族资产阶级和上层小资产阶级政治态度的变化,令他们中间出现了联共抗日的倾向。但这时以蒋介石为代表的大地主大资产阶级,对外实行不抵抗主义,对内继续进行"围剿"红军的战争。直到1935年华北事变,日本帝国主义策动华北五省"自治",直接威胁到国民党在华北的统治,加剧了日本帝国主义与国民党的矛盾,这时国民党的对日政策才开始有比较明显的变化,同时与共产党进行秘密接触。1936年西安事变的和平解决成为时局转变的关键,实现了国内和平,为国共两党合作创造了重要的前提条件。

中国共产党适应上述国内阶级关系的变化,在对蒋介石国民党的策略口号上,实行了由"抗日反蒋"到"逼蒋抗日""联蒋抗日"的转变。这反映了抗日民族统一战线从酝酿到建立这样一个历史发展过程。从"抗日反蒋"到"逼蒋抗日"是一个重大的策略转变。九一八事变以后，以蒋介石为代表的大地主大资产阶级实行"攘外必先安内"的方针，对外屈服，对内集中全力"围剿"红军，压制全国人民要求抗日的民族革命浪潮，依然是中国共产党和中国人民的正面敌人。所以，共产党继续采取反对国民党统治，建立苏维埃政权，实行土地革命的基本方针，仍然是必要的，"抗日反蒋"的口号也是适当的。改变这个基本方针和放弃"反蒋"的口号，只有在日本帝国主义进一步侵略的威胁下，蒋介石的态度有了变化之后，也就是到1935年和1936年，才有可能。1936年5月5日毛泽东、朱德发出《停战议和一致抗日通电》，正式放弃了"反蒋"口号，后来提出"逼蒋抗日""联蒋抗日"的口号。经过共产党同国民党多次谈判，以两党合作为基础的抗日民族统一战线正式建立起来。

以上说明，抗日民族统一战线的建立主要是由中日矛盾决定的，抗日民族统一战线的坚持也主要是由中日矛盾决定的。

在八年抗战中间，蒋介石发动了三次反共高潮，还有许多大大小小的反共摩擦，但都没有发展成为全国范围的内战，两党合作始终没有破裂。原因是多方面的，如共产党采取正确的政策，人民的反对，国际上的压力等，但最根本的原因是中日尖锐矛盾的存在。拿第二次反共高潮来说，当蒋介石发动皖南事变，把国共合作推到破裂的边缘的时候，日本不但没有放松对中国的军事进攻，反而乘此机会，集中几个师团的兵力，发动了河南战役。蒋介石在中国共产党对皖南事变表示强硬立场之后,在日本的军事进攻下,不得不回过头来向共产党谋取妥协,重新调整国共关系,共同对敌。正如毛泽东所指出的:"一个民族敌人深入国土这一事实,起着决定一切的作用。"[1] 蒋介石除非决心投降日本帝国主义,或者整个世界出现了大的黑暗与倒退,否则他是不敢轻易破裂国共合作、掀起全面内战的。如果说,以蒋介石为代表的大地主大资产阶级在1927年破裂国共合作、退出统一战线以后,还可以建立一个形式上独立的全国性政权;那么,在日本帝国主义决心灭亡中国的条件下,要破裂国共合作、退出统一战线,就绝不可能建立什么形式上独立的政权。

在整个抗日战争时期,中共中央和毛泽东紧紧把握住民族矛盾是主要矛盾这一点,将之作为处理民族矛盾与阶级矛盾的关系、国共两党的关系的基本依据。当时党内有些同志往往对国内阶级矛盾作出不正确的估计,例如把第一次反共高潮估计为马日事变,把第二次反共高潮估计为四一二事变,国民党一发动反共高潮就认为国共合作快要破裂或者已经破裂。这种错误认识产生的原因就在于忘记了民族矛盾是主要矛盾这一点。

民族斗争与阶级斗争有着一致性,阶级斗争必须服从于民族斗争,这是中国共产党处理抗日民族统一战线中的矛盾和斗

---

[1]《毛泽东选集》第2卷,人民出版社1991年第2版,第781页。

争的根本原则。毛泽东说："在民族斗争中，阶级斗争是以民族斗争的形式出现的，这种形式，表现了两者的一致性。一方面，阶级的政治经济要求在一定的历史时期内以不破裂合作为条件；又一方面，一切阶级斗争的要求都应以民族斗争的需要（为着抗日）为出发点。"[1]为了团结国民党共同抗日，促成抗日民族统一战线的建立，共产党决定停止武力推翻国民党统治的方针，停止没收地主的土地，将陕甘宁革命根据地的政府改名为中华民国特区政府，将红军改名为国民革命军，受南京中央政府及军事委员会指导，等等。这些，就是共产党使阶级斗争的要求服从民族斗争的需要所采取的一系列重大步骤。在统一战线内部，没有消灭也不可能消灭阶级之间的矛盾和冲突，但是这些矛盾和冲突只能在有利于发展抗日运动和抗日高于一切的原则下，加以适当解决。例如，国共之间摩擦与反摩擦的斗争，这是抗日民族统一战线内部阶级斗争最突出的表现。对于国民党的反共摩擦，共产党不是回避它，而是站在自卫的立场，以不破裂合作为限度，通过有理有利有节的斗争加以解决，最后达到坚持两党合作、共同抗日的目的。

总之，处理阶级斗争问题一定要照顾大局，服从大局，这个大局就是团结抗日。过分地不适当地强调阶级斗争，使它超过了一定的限度，那就要犯"左"的错误，导致抗日民族统一

---

[1]《毛泽东选集》第2卷，人民出版社1991年第2版，第539页。

战线的破裂。反过来，抹杀统一战线内部的阶级界限，否认阶级斗争的存在，对它失去警觉性，那就要犯右的错误，也会导致抗日民族统一战线的破裂。

争取和坚持无产阶级领导权，是巩固和发展抗日民族统一战线的根本保证

抗日民族统一战线是一个很广泛的统一战线，参加统一战线的成分十分复杂。每个阶级及其政党都有自己的政治主张。大家都要求抗日，这是一致的，在这一点上建立了统一战线。但是如何抗日，抗日的坚定性和彻底性如何，以及抗日胜利以后建立什么样的国家，则是不一致的，在这些方面，发生了谁影响谁的问题，即争夺领导权的问题。

在抗日民族统一战线中，争夺领导权主要发生在国共两党之间。毛泽东曾经指出："司令官、指挥官在中国主要是两个，或者是无产阶级，或者是大资产阶级、大地主。中国这个社会两头小，但是两头强，中间大，但在政治上是软弱的。中间阶层是动摇的，无论哪个中间阶层都有它的动摇性。坚决的阶级就只有两个：无产阶级和大地主大资产阶级。他们的政治代表分别是共产党和国民党。"[1] 只有共产党领导，抗日民族统一

---

[1]《毛泽东文集》第3卷，人民出版社1996年版，第306页。

战线才能存在和巩固。

大资产阶级的政治代表国民党，参加抗日民族统一战线，是为了借助共产党领导的人民力量，打倒共同的敌人，同时在中国继续维持它的一党专政。它一方面要利用共产党领导的人民力量，但是另一方面又害怕共产党领导的人民力量的发展，害怕抗日民族解放运动的广泛发动。因此，它力图控制抗日民族解放运动不超出它所需要和允许的范围，服从于它的阶级利益。如果领导权完全落到国民党手里，那么，抗日民族统一战线就不能维持，抗日战争就有被断送的危险。

共产党是为无产阶级和全体人民的利益，为抗日民族解放运动的彻底胜利而坚持奋斗到底的。为了保证抗日民族统一战线的巩固和发展，取得抗日战争的最后胜利，争取和坚持无产阶级领导权就成为有决定意义的中心一环。

无产阶级（通过共产党）实现对抗日民族统一战线的领导权，主要表现在政治领导上。这就是根据历史发展进程提出自己的政治主张，领导人民去实行这些主张，影响和推动国民党接受这些主张，而自己则是实行这些主张的模范。

从九一八事变后酝酿建立抗日民族统一战线到抗日战争结束，国共两党在抗战问题上存在着一系列原则分歧，表现为两条抗战路线的斗争。从九一八事变到西安事变，斗争的中心，是抵抗日本侵略还是不抵抗日本侵略。从西安事变到七七事变，斗争的中心，是真准备抗战还是空谈准备抗战。从七七事变到武汉失守，斗争的中心，是全面抗战还是片面抗战，是持久战还是速决战。从1939年国民党五中全会到1944年下半年国共谈判（这中间发生了三次反共高潮），斗争的中心，是坚持抗战、坚持团结、坚持进步，还是搞妥协、搞分裂、搞倒退。1944年下半年共产党提出联合政府的口号以后，斗争的中心，是成立民主的联合政府还是继续国民党的一党专政。前者是共产党的主张和实际行动，后者是国民党的主张和实际行动。共产党坚持了自己的主张，批评、抵制和反对国民党的主张，引导全国人民按照共产党的主张去做，同时影响和迫使国民党维持国共合作，继续抗战，没有中途妥协。这就是发挥了共产党在抗日民族统一战线中的政治领导作用。如果共产党不能独立地提出自己的政治主张，或者提出了自己的政治主张但不能贯彻实行，不去尽可能有效地影响同盟者，那就是放弃领导权，跟着国民党的路线跑。大革命失败的教训，就在于共产党当时虽然还有组织上的独立性，但是没有保持政治上的独立性，做了大资产阶级的尾巴。

由于参加抗日民族统一战线的各个阶级的情况不同，对抗战的态度不同，因此，无产阶级对其他各阶级实行领导和影响的程度和情况，也不相同。

无产阶级首先和主要的是争取和实现对农民和城市小资产阶级的领导。在中国，人民大众最主要的部分是农民，其次是城市小资产阶级，失去了农民和城市小资产阶级，无产阶级领导权就是空的。农民和城市小资产阶级没有自己的政党，他们不是跟共产党走就是跟国民党走。共产党同国民党争夺领导权，归根到底，就是争夺对几万万农民和城市小资产阶级的领导，使他们脱离大地主大资产阶级的影响，接受共产党的领导。共产党是依靠实行代表农民和城市小资产阶级利益的政策来吸引他们，实现对他们的领导。国民党是通过强制和欺骗的手段实现对他们的统治。民族资产阶级也是共产党要去争取领导的一个阶级。民族资产阶级有自己的政治主张和政治团体，他们站在共产党和国民党之间，有时还要同共产党争夺领导权，共产党对他们的领导只能体现在主要问题上，不可能是完全的领导。对大资产阶级（它的政治代表是国民党）能不能领导呢？总的说是不能领导的，只能在某些问题上或者在某个时期内对它有些影响，迫使它在一定程度上按照共产党提出的政治主张去做，不能完全按照他们自己的意志行事。

  无产阶级实现领导权，有一个争取的过程。它不是天然就有的，也不是向人家要就能要来的。能否争取到领导权，领导权实现的程度如何，从共产党方面来说，取决于自己的政策是否正确、自己的力量的大小这两个基本因素。毛泽东早在1936年9月就指出："事实证明，只有共产党有力量领导抗日统一战线，但这样的领导是要争取，现在正在争取。"[1] 随着

---

[1]《毛泽东年谱（1893—1949）》修订本上卷，中央文献出版社2013年版，第580页。

共产党力量的增长及其威信、影响和作用的不断扩大,争取到的领导权就愈来愈多。

争取和实现无产阶级领导权,是以坚持独立自主原则为前提的。在统一战线内部,由于国民党不给其他党派平等的权利,对共产党采取歧视、限制和削弱的方针,共产党坚持独立自主原则就特别重要。在1937年8月洛川会议上,毛泽东就提出要保持党的阶级的独立性问题,要求全党提起注意。1937年12月,王明在政治局会议上打着共产国际的旗号,否认独立自主原则,提出"一切经过统一战线"的错误口号。这个口号到1938年六届六中全会才基本上得到纠正。正如毛泽东所指出的,国民党的方针是限制我们发展,我们提出"一切经过统一战线"这个口号,只是自己把自己的手脚束缚起来,是完全不应该的。独立自主原则是贯穿到各个方面的,包括政治上、思想上、组织上、军事上以及对群众运动的组织与发动上。这些方面都密切地联系于争夺领导权的问题。当然,我们所说的独立自主,是相对的,不是绝对的,是统一战线中的独立自主,既统一,又独立。把独立自主与统一战线对立起来,以为讲独立自主就妨碍统一战线,像王明那样,是完全错误的。

又联合又斗争,是抗日民族统一战线的总政策

又联合又斗争,是毛泽东总结了大革命后期的"一切联合,

否认斗争"和土地革命后期的"一切斗争，否认联合"两种极端政策而提出的抗日民族统一战线的总政策。

毛泽东在讲到统一战线中的统一性和斗争性的时候说：在统一战线中，统一是基本的原则，要贯彻到一切地方、一切工作中，任何时候、任何地方不能忘记统一。同时不能不辅助以斗争的原则，因为斗争正是为了统一，没有斗争不能发展与巩固统一战线。适合情况的必要的斗争是需要的。后来，他把统一（团结、联合）和斗争的关系概括为一句话：斗争是团结的手段，团结是斗争的目的。毛泽东的这些论述，对联合与斗争的辩证关系作了科学的分析和正确的规定。正确处理统一战线中联合与斗争的关系，是一个十分复杂、很难正确把握的问题。能否正确处理这两者的关系，往往成为党的历史上正确路线与错误路线的分界线。

又联合又斗争的原则，在实行中要求根据不同对象，采取不同程度的联合和不同形式的斗争。

毛泽东对抗日战争时期的地主资产阶级，特别是大地主大资产阶级，作过深刻的分析，根据不同的阶级、阶层、集团和派别的政治态度及其在不同时期的变化这种客观现实，制定出又联合又斗争的有区别的具体策略。

首先，将民族资产阶级同大资产阶级加以区别。毛泽东历来是把两者区别开来的。但是在抗日战争时期，当国民党发动反共高潮的时候，民族资产阶级究竟持什么态度，同大资产阶级有无区别,这在第一次反共高潮之前,是没有得到验证的。经过第一次反共高潮,民族资产阶级与大资产阶级的态度被证明确乎不同。关于这个问题,毛泽东1940年在第一次反共高潮之后写给肖向荣的一封信里说道:"在去年十二月写《中国革命与中国共产党》第二章时,正在第一次反共高潮的头几个月,民族资产阶级与开明绅士的态度是否与大资产阶级大地主有区别,还不能明显地看出来,到今年三月就可以看出来了,请参看三月十一日我的那个《统一战线中的策略问题》。"[1]根据第一次反共高潮中民族资产阶级的表现,毛泽东对《中国革命与中国共产党》作了重要修改,写道:"在抗日时期内,他们(指民族资产阶级——引者注)不但和大地主大资产阶级的投降派有区别,而且和大资产阶级的顽固派也有区别,至今仍然是我们的较好的同盟者。因此,对于民族资产阶级采取慎重的政策,是完全必要的。"[2]在抗日时期,共产党对民族资产阶级实行坚决联合的政策,为后来同他们长期合作打下了基础。当然,对民族资产阶级的动摇性及某些错误,也要在团结的前提下,进行说服教育和善意的批评。

其次,将亲日派的大资产阶级与英美派的大资产阶级加以区别。亲日派的大资产阶级有的已经投降日本,成为中华民族

---

[1]《毛泽东书信选集》,中央文献出版社2003年版,第147页。
[2]《毛泽东选集》第2卷,人民出版社1991年第2版,第640页。

的敌人，是要坚决打倒的。英美派的大资产阶级（国民党的主体）有两面性，一方面抗日，一方面反共。在抗日方面，它既和日本对立，又不积极地作战，不积极地反汪反汉奸，有时还同日本"和平"使者勾勾搭搭。在反共方面，它既要反共，又不愿最后破裂，实行一打一拉的政策。共产党对他们是团结抗日，反对其反共，实行革命的两面政策。

再其次，将以英美派大资产阶级为主体的国民党内的各个派别加以区别。国民党是一个由复杂成分组成的党，其中有顽固派，有中间派，也有进步派。由于他们的地位不同，利益不同，各种关系不同，历史情况不同，表现出来的抗日与反共的两面性也就有所不同，并且因时因地而发生某些变化。因此，共产党在对他们进行又联合又斗争的时候采取的具体策略也有所不同，都是以对抗日对人民是否有利为原则的。例如，在国民党搞摩擦的时候，共产党对它的各派采取这样的策略原则："对友好者坚决团结之，对顽固而暂时尚未向我进攻者则设法中立之，对向我进攻者则坚决反击之。"[1]在第一次反共高潮中，在晋西，共产党主要反击反共最烈的阎锡山；在晋冀豫区，主要反击朱怀冰、石友三，而与卫立煌等部建立较好的关系，争取了他们的中立；在陕甘宁边区，只打击反共分子何绍南派中最反动的分子，极谨慎地争取了邓宝珊、高双成等。在

---

[1]《毛泽东年谱（1893—1949）》修订本中卷，中央文献出版社2013年版，第457页。

晋西事变刚一结束，1940年1月27日，毛泽东、王稼祥就指示在华北前线的朱德、彭德怀等，要薄一波等新军领导人向阎锡山表示愿意和平解决山西内部问题，免为敌人利用，愿与阎锡山继续团结抗日。同年3月5日毛泽东又指示朱德、彭德怀等：要认真恢复与阎锡山的关系，极力争取阎锡山系统的一切人员，使之团结成为一个处于国共之间的中间力量，这对于抗战与国共合作是大有利益的。总之，在同顽固派进行反摩擦的斗争中，不仅要争取民族资产阶级、开明绅士、上层小资产阶级这些中间力量，还要极力争取国民党内的中间势力，这是在打退第一次反共高潮的斗争中得出的一条极为重要的经验。

应当指出，在国民党内，包括它的军队，顽固派只是极少数，不能把整个国民党等同于顽固派。国民党内的进步派和中间派，国民党的中下层人员，是不愿意打内战的，是主张国共合作共同抗日的。毛泽东根据形势的变化，把国民党中央军的大部分也划入中间势力。他指出："中央军各级官长中只有一部分军官及政训系统是顽固派，其他多是中间派，也有一部分进步派，决不能把中央军看成都是顽固派。"[1] 又说："我党我军中过去把黄埔生看作一个笼统的反共集团的传统观念是错误的、有害的。在目前严重时局，亟须改正此观念，利用一切机会与黄埔生军人进行统一战线的工作，不要刺激他们，而应以

---

[1]《毛泽东年谱（1893—1949）》修订本中卷，中央文献出版社2013年版，第187页。

民族至上的观念来打动他们。"[1]即使对顽固派,也仅仅在他们搞反共摩擦的时候,才给以反击,反击之后,还要同他们讲团结。所谓孤立顽固派,是指孤立他们反共反人民的一面,最后还是要争取他们共同抗日,这同完全孤立投降派是有原则区别的。既不能把中间派当作顽固派对待,也不能把顽固派当作汉奸投降派对待,这是中共中央和毛泽东反复告诫的。只是对那些不可救药的坚决反革命的,才采取彻底消灭的政策。这类人不抗日,专门反共,有的最后叛国投敌,成为民族败类。

共产党的又联合又斗争的原则的具体运用,就是建立在对不同的阶级、阶层、集团和派别的区别对待这个基础上的。

有一种意见是不对的,受到了中共中央和毛泽东的批评和纠正,这就是为了怕破裂统一战线,对顽固派的反共摩擦不敢反击而一味地让步。他们不懂得,这恰恰会破坏统一战线,因为这样只会助长顽固派的反共气焰,把自己置于被消灭的地位。毛泽东曾经说过,我们在统一战线中没有过去的斗争是不能存在的。事实证明,国民党三次反共高潮的被打退和被制止,统一战线所以能够继续维持而没有破裂,不是由于共产党实行了退让政策,而是由于共产党进行了坚决的抵制。以第二次反共高潮为例,在皖南事变爆发前,为了防止反共战争的发生,毛泽东发出指示,要求动员大量党内外人士一齐出动,

---

[1]《毛泽东年谱(1893—1949)》修订本中卷,中央文献出版社 2013 年版,第 228 页。

"向国民党人员及各方奔走呼号，痛切陈词，说明'剿共'则亡党亡国，投降则日寇必使蒋崩溃"[1]。同时共产党还作了顾全大局、委曲求全的让步。但是，当皖南事变一发生，共产党立即转入坚决斗争的立场，既没有理会有些人要求共产党向国民党让步的意见，当然也没有采纳另一些人要求共产党跟国民党大打的意见，而是实行政治上取全面攻势、军事上取守势的方针，提出两个十二条的严正要求，共产党参政员拒绝出席国民参政会，在全国范围内进行抗议运动，等等。由于共产党采取了有理而强硬的态度，加上其他国内外因素，第二次反共高潮才得以结束，国共两党重新修好。这就是"以斗争求团结则团结存，以退让求团结则团结亡"的道理。

在进行反摩擦时是不是无限制地斗争下去呢？当然不是。那样就违反了阶级斗争必须服从民族斗争的原则，就要犯"左"的错误。这种"左"的错误是有过的，当它一出现的时候，中共中央和毛泽东就及时地严肃指出并加以制止。中国共产党进行反摩擦斗争，严格站在自卫立场，是防御性质的，是迫不得已而进行的。早在1939年1月12日，毛泽东就提出共产党反摩擦的原则是：人不犯我，我不犯人；人若犯我，我必犯人。不进行反摩擦斗争，就不足以使顽固派有所觉悟，它会愈摩愈凶，可能导致国共合作破裂，危害统一战线的存在。但是，如

---

[1]《毛泽东年谱（1893—1949）》修订本中卷，中央文献出版社2013年版，第223页。

果超出自卫范围，无节制地斗争下去，也可能导致国共破裂，危害统一战线的存在。毛泽东指出："反摩擦斗争必须注意自卫原则，不应超出自卫的范围。如果超出这个范围，则对全国的影响和统一战线是很不利的。尤其对中央军应注意此点，因国共合作主要就是同中央军的合作。"[1]共产党同国民党顽固派的反摩擦斗争，归根到底，是为了维护两党的长期合作，以利抗战。除此以外，别无他求。共产党在反摩擦中进行的有理、有利、有节的斗争，其本身就包含着求团结的目的，这就是团结中有斗争，斗争中又有团结。为了团结，必要时还要作出一定的让步和妥协。例如，在第一次反共高潮中朱怀冰部被八路军解决后，蒋介石下令庞炳勋等部主力集中于太南（太行山以南地区）周围，目的在于逼迫八路军退出陵川、林县一线。为了避免新的摩擦，维持两党合作的局面，八路军主动让出了陵川、林县一线。

还有一种意见也是不对的，也受到了中共中央和毛泽东的批评和纠正，这就是为了怕破裂统一战线，不敢放手发展共产党领导的人民抗日力量。他们不懂得，人民力量愈是发展，愈能影响和争取更多的中间力量，愈能造成抗战局面，迫使国民党不敢轻易撕裂国共合作，迫使国民党不得不继续抗战，抗日民族统一战线才能巩固。如果因为害怕破裂而不敢发展自己的

---

[1]《毛泽东年谱（1893—1949）》修订本中卷，中央文献出版社2013年版，第179页。

力量，那就会被国民党无所顾忌地吃掉，哪里还谈得上什么统一战线？正如毛泽东所分析的那样："共产党力量的发展，是迫使国民党主体'既不能投降又不能剿共'的最主要的国内因素。"[1]发展进步势力，争取中间势力，孤立顽固势力，这是不可分离的三个环节；基础是发展进步势力，这是争取中间势力和孤立顽固势力的重要前提条件。发展进步势力，最主要的是放手扩大共产党领导的抗日武装力量，广泛地建立敌后抗日民主根据地。"只有一步一步地发展进步势力，才能阻止时局逆转，阻止投降和分裂，而为抗日胜利树立坚固不拔的基础。"[2]当然，共产党军事力量的发展只限制在日本占领地区和陕甘宁边区被规定的范围内，而不向国民党后方作任何可能引起冲突的行动。这也是共产党坚持实行的顾全大局的方针。

关于团结和斗争的问题，毛泽东在1940年7月作过精辟的概括："1.我们历来是强调团结的，今后还是一样——对付一切抗战派。2.我们历来是强调斗争的，今后还是一样——对付一切投降派。3.我们又强调团结又强调斗争——对付一切又抗日又反共的顽固派。4.有时强调团结，有时强调斗争——依顽固派的态度是团结为主还是反共为主而定。5.斗争是为了团结——为了延长合作时间。6.不论哪一方面（政治，军事，文

---

[1]《毛泽东年谱（1893—1949）》修订本中卷，中央文献出版社2013年版，第195页。
[2]《毛泽东选集》第2卷，人民出版社1991年第2版，第746页。

化),目前时期都以团结为主。但不论哪一方面,都同时有斗争。因为国民党顽固派的反共政策是没有变化的。"[1]

为了正确地实行又联合又斗争的原则,在共产党内必须注意进行两条战线的斗争,一方面反对"左"的倾向,一方面反对右的倾向。一般说来,在统一战线建立以前,党内的主要危险是"左"倾关门主义,只要斗争,不要联合。王明"左"倾路线就是这样。他们不要统一战线,实行打倒一切,把民族资产阶级和上层小资产阶级当作最危险的敌人,集中力量打击中间派。在统一战线建立以后,党内的主要危险是右倾投降主义,只讲联合,忘记了斗争。王明的右倾投降主义就是这样。他们对国民党的反人民的政策让步,信任国民党超过信任人民群众,不敢放手发动群众斗争,不敢在日本占领地区扩大抗日根据地和人民的军队。在国民党发动反共高潮的时候,"左"倾错误又往往成为党内的主要危险,只讲斗争,忘记了联合。例如,混淆民族资产阶级与大资产阶级的区别,强调阶级斗争,提倡土地革命,反摩擦斗争超出自卫原则等。中共中央和毛泽东随时警惕危害抗日民族统一战线的这两种错误倾向,进行切合实际、适合时宜的两条战线的斗争,有"左"则反"左",有右则反右,在反对一种主要错误倾向的时候又不放松对另一种错误倾向的防止和纠正。

---

[1]《毛泽东文集》第 2 卷,人民出版社 1993 年版,第 290—291 页。

在抗日战争时期，中国共产党在极端复杂和困难的情况下，所以能够把国民党这个抗日的重要力量团结在抗日阵营内，始终坚持了国共合作，维护了统一战线，同时又大大发展了以工农为基干的人民力量，取得抗日战争的最后胜利，就主观条件来说，主要是由于全面而正确地执行了又联合又斗争这一统一战线的总政策。

抗日民族统一战线与国际形势

中国的抗日战争，是第二次世界大战的重要组成部分、重要的战场。国际上三大力量（苏联、英美法、德意日）之间错综复杂的关系，国际风云的变幻，常常敏锐地反映到中国战场上来，影响着中国国内的政治形势。抗日民族统一战线的变化，国共关系的好坏，往往受到一定的国际背景的制约和影响。中共中央和毛泽东在观察和处理国共关系问题时，总是密切地联系国际形势。从对国际形势的分析中，预见国内形势会出现什么样的变化，国共关系会有什么样的发展趋势，以准备对付任何可能出现的情况；并且在可能的条件下运用国际统一战线的力量，影响和推动国民党，促进其抗日，制止其反共，以维护和巩固国内的统一战线。

抗日民族统一战线和国共关系的状况如何，是由国内国际多种因素决定的，下面仅就国际形势所产生的影响作一些分析。

自从1938年9月30日（在广州、武汉失陷之前不到一个月）英、法、德、意签订慕尼黑协定之后，英、法、美就在中国开始策动反苏反共，这在一定程度上影响了国民党右倾。国民党自1939年1月召开的五届五中全会起，它的对内对外政策开始发生变化，确定其政策的重点由对外转向对内，制定了"溶共""防共""限共""反共"的反动方针。同年夏天在甘肃、河北、山东发动了小规模的反共摩擦，在湖南制造了平江惨案，但是还没有掀起反共高潮。第一次反共高潮是在1939年8月苏德协定以后，特别是11月底苏芬战争爆发后开始的。当时英、美、法发动广泛的反苏舆论，造成一个反苏高潮。这个暗流也影响了国民党。1939年10月召开的国民党五届六中全会，规定继续其五中全会确定的对共产党的"政治解决"以外，又增加一项"军事反共"。11月30日苏芬战争爆发，12月3日阎锡山受蒋介石策动，以重兵进攻山西新军和八路军——五师独立支队。从1939年12月初到1940年3月中旬苏芬和约签订为止的整个苏芬战争期间，正值第一次反共高潮时期。3月12日苏芬签约以后，全世界的反苏宣传停止了，中国的反苏宣传也停下来了，第一次反共高潮在共产党进行反击之后也就结束了。

国民党第二次反共高潮的发动与结束，也是同一定的国际形势紧密相连的。

1940年9月德、意、日订立三国同盟后，英、美与德、意、日两个帝国主义集团在中国的斗争异常激烈。德、意、日要求国民党政府放弃抗日，加入他们的同盟：德国劝和，日本诱降。[1]英、美则要求国民党政府放弃独立的抗日战争，加入英美同盟：美国大笔贷款，英国重开滇缅公路。[2]与此同时，蒋介石还得到苏联的援助。[3]国际三大力量都在拉蒋介石，此时蒋介石兴高采烈，甚为得意。当时周恩来作过这样的分析：德、意、日"三国协定后，英、美积极拉蒋，蒋喜。现在日本拉蒋，蒋更喜。斯大林电蒋，蒋亦喜。此正蒋大喜之时，故蒋于日军退出南宁、斯大林复电之后，立往成都，此往决非偶然"。"蒋现在处于三个阵线争夺之中。他认为一身暂时兼做戴高乐、贝当、基玛尔，最能左右逢源，故他自己躲在成都，让其夫人及英美派拉英、美，让朱家骅、桂永清拉德，让亲日派谈和，让孙、冯亲苏，让何、白[4]反共，以便他居中选择，并以反共为轴心来运用。"[5]正是在这种国际形势下，蒋介石下

---

[1] 1940年10月29日毛泽东给周恩来等的电报中指出：运城、鄂北两飞机场的停开，阿部（即阿部信行，当时任日本驻南京汪伪政府大使）的回国，日军从南宁的撤兵，德国海通社在重庆正式开放，表示日本让步和德国劝和的开端。

[2] 美国国会于1940年12月2日通过给国民党政府一亿美元贷款。滇缅公路是援华物资运入中国西南的主要通道。1940年7月英国政府屈服于日本的压力曾将其关闭，同年10月重新开放。

[3] 根据瓦·崔可夫《在华使命》一书记载，1940年12月他被派往中国的同时，苏联政府给蒋介石提供了一大批军援——250架飞机、近300门炮、500辆汽车以及相应的装备。

[4] 孙、冯、何、白，指孙科、冯玉祥、何应钦、白崇禧。

[5] 周恩来1940年11月1日给毛泽东的电报。

了发动皖南事变的决心。皖南事变后,出乎蒋介石的意料,他不仅在国内遭到人民的反对和中间人士的责难,在国外也引起苏、美、英的不满。苏联报纸坚决谴责蒋介石制造皖南事变,苏联驻华大使潘友新于1941年1月25日质问蒋介石,向他表示,进攻新四军削弱了中国人民的军事势力,这有利于日本侵略者。[1]英、美对蒋介石采取限共反共政策一般是赞成的,但是对蒋介石发动皖南事变则是反对的,因为怕由此引起中国大规模的内战,从而达不到他们利用中国牵制日本的目的。美国政府通过罗斯福总统的特使居里向蒋介石声言:美国在国共纠纷未获解决前,无法大量援助中国,中美间之经济财政各问题不可能有任何进展。[2]英国政府在得到它的驻华大使卡尔关于国民党进攻新四军的报告后,也告诉蒋介石:内战只会加强日军的攻击。[3]苏、美、英三国的外交压力,成为停止国民党制造分裂和发动内战的重要因素。

从1941年6月苏德战争爆发,特别是同年12月太平洋战争爆发以后,世界局势发生了重大变化。随着英、美、苏进一步合作,国共关系出现好转趋势。不论是苏联还是英、美,出于他们各自的战略目标的考虑,从这时起,更加重视对于钳

---

[1] 瓦·崔可夫:《在华使命》,新华出版社1980年版,第59页。
[2] 1941年3月9日《新中华报》。这一情况,蒋介石的日记中也有反映。蒋在1941年2月1日的日记中写道:"新四军问题,余波未平,美国因受共产党蛊惑,援华政策几乎动摇。"
[3] 王安娜:《中国——我的第二故乡》,生活·读书·新知三联书店1980年版,第361页。

制、抵抗和消耗日本侵略势力具有重大意义的中国战场，因而更加关心中国内部的团结问题，不愿意中国打内战。这不能不促使蒋介石改善同共产党的关系。毛泽东在1942年9月15日就国共合作问题给周恩来的电报中说："国内关系总是随国际关系为转移，第一次反共高潮发生于德苏协定、苏芬战争及英美反苏时期，第二次反共高潮发生于德苏协定继续存在、英美苏关系仍未好转而轴心则成立三国同盟时期。自苏德战起，英、美、苏好转，直至今天，国共间即没有大的冲突。这个期间，又分两段，在英、美、苏未订具体同盟条约[1]及滇缅路未断[2]以前，蒋的亲苏、和共决心仍是未下的，在此以后，他才下这个决心。我们估计这个好转的总方向是定了，目前任务是促成谈判，促成具体解决问题，故应避免一切枝节，极力表示好意。"同年11月29日，毛泽东在为中共中央起草的关于国民党五届十中全会问题的指示中又指出："国民党从1939年颁布限制异党活动办法以来，中间经过1940年1月及其前后一段时间的第一次反共大摩擦（苏德条约订立及苏芬战争时期），1941年1月解散新四军事件的第二次反共大摩擦（德意日三国同盟订立及日苏中立条约订立之后），这两次摩擦均有国际的国内的

---

[1] 苏英条约（即对希特勒德国及其欧洲同盟者作战同盟及战后合作互助条约）订于1942年5月26日，有效期二十年。苏美合作协定（即在进行反侵略战争中相互援助所适用的原则的协定）订于1942年6月11日。

[2] 1942年4月29日日军占领缅甸腊戍，切断滇缅公路。

因素为背景。自1941年6月苏德战争及跟着苏、英、美订立同盟以后，国共关系即有某些改变，停止了大的冲突。特别是在太平洋战争发生，滇缅路被切断及英苏订立二十年同盟条约之后，更有好转。最近苏联在斯城（即斯大林格勒——引者注）的伟大胜利及英、美在北非与在太平洋的胜利，增强了国民党对于抗战胜利的信心，对国共关系好转，亦有促进的影响。"从1942年以来，共产党根据有利的国际条件，为了从根本上改善国共关系，以主动积极的态度，作了很大努力。毛泽东曾准备亲赴重庆与蒋介石面商国共合作大计，后来派林彪去了。

从第二次反共高潮结束到第三次反共高潮开始，相隔两年多，这中间虽有摩擦，国民党甚至还策划过新的反共高潮，但总的说来，国共关系是比较稳定的，这同当时的国际条件有很大关系。

1943年5月，共产国际宣布解散，国民党乘机掀起第三次反共高潮，一面准备以武力进攻陕甘宁边区，一面发动反共宣传攻势，制造"解散共产党""取消边区"等反共舆论。共产党及时加以揭穿，发动反击宣传，同时作了应付军事进攻的准备，迫使蒋介石改变进攻边区的计划，使他的反共阴谋迅速破产。关于这次反共高潮的原因，毛泽东在1943年7月21日发给董必武的电报里说："此次反共高潮之近因，一由于国际解散，二由于相信日将攻苏，故蒋企图以宣传攻势动摇我党，以军事压迫逼我就范。"这次反共高潮所以被制止，英、美、苏等国的干预也起了重要作用。三国驻华大使开会，根据朱德为呼吁团结避免内战致蒋介石和胡宗南的电报[1]，警告蒋介石不得发动内战，否则各国停止援助。正如毛泽东所说的：我们这次反对胡宗南，英、美是帮助我们的。英、美正要打日本，如果中国打内战，对他们就不利，他们不愿意我们打内战。统一战线工作有争取国际支持这个方面。[2]到抗日战争快要胜利结束的时候，美国政府为了它的帝国主义利益，实行扶蒋反共政策，又加深了国共之间的裂痕。但是，从整个抗日战争时期来说，在大部分时间里，美国政府对国共合作是采取赞同与支持的态度的。

中国的抗日民族统一战线经历了曲折的道路，这反映了国内军事政治斗争的复杂情况，也反映了国际军事政治斗争的复杂情况。国际反法西斯统一战线与国内抗日民族统一战线是紧密相连的。共产党正确处理这两者的关系，成功地争取了国际反法西斯国家的声援和支持。今天，我们研究抗日民族统一战线问题，也需要扩大视野，把它放到一个更为宽广的历史背景即当时的国际环境中进行考察，否则许多现象是得不到深刻说明的。

在中国近代历史上，共产党同国民党已经进行过两次合

---

[1] 驻重庆外国使节1943年7月5日与蒋介石、胡宗南同时得到朱德致蒋、胡的电报。

[2] 见毛泽东1943年8月8日在中央党校第二部开学典礼大会上的讲话。

作。第一次合作取得了北伐战争的胜利，第二次合作取得了抗日战争的胜利。中华人民共和国成立后，早在50年代中期，共产党就考虑并提出第三次国共合作。从50年代中期到今天，二十多年过去了，中国已经进入新的发展阶段。现在的情况与抗日战争时期是根本不同了，第三次国共合作如果实现，一定会有许多新的特点。1979年以来，中国共产党已经提出推动第三次国共合作的方针、政策、方法和步骤，为促进台湾回归、实现祖国统一而努力。

关于党的文献编辑工作 *

党的文献是中国共产党领导中国人民进行革命和建设的历史记录，是全党和全国人民的宝贵财富。党的文献从时间上讲，可以分为历史文献和当代文献；从形成的情况来说，可以分为集体的文件和个人的著作。党的文献编辑工作是党的工作中的一个重要部分，它同一般的编辑工作有共同的地方，又有其特殊的性质。要做好党的文献编辑工作，除了掌握一般编辑工作的知识和规律，还要注意它自己的一些特点。由于党的文献在党和国家的政治生活中所起的重要作用，和在人民群众的思想上所发生的深刻影响，党的文献编辑工作具有很强的政治性和科学性，在编辑工作上要求特别严格。

下面就党的文献编辑工作讲三个问题：一、建国以来党的文献编辑工作的历史概况。二、党的文献编辑工作的意义。三、

---

* 这是作者在中央文献研究室新同志入室教育座谈会上的讲话，发表在《文献和研究》1987年第3期。

怎样做好党的文献编辑工作。

一、建国以来党的文献编辑工作的历史概况

我们党的文献编辑工作已有比较长的历史，从延安时期算起也有四十多年了。延安整风的时候，为了高级干部学习党的历史经验，由毛泽东主持，王首道、胡乔木做助手，于1941年和1942年分别编辑了《六大以来》和《六大以前》。这两部书共收入文献七百多篇，包括党的决议、宣言、指示、通电等和党的领导人的著作，既包括内容正确的，也包括内容不正确的。由于收入的文献比较宽泛，政治路线方面的内容不够突出。1943年又编辑了《两条路线》，篇幅虽然缩减了，只收入一百三十多篇，但政治路线方面的内容突出了。这三部文献集的编印，把党的两条路线问题引入高级干部的学习中，为延安整风、起草第一个历史决议和召开七大，作了准备。它们是我们党最早的比较系统的历史文献汇集。1942年为适应广大干部整风学习的需要，还编辑出版了《整风文献》，收入二十二个文件。1944年，第一部《毛泽东选集》由晋察冀日报社编辑出版。以后，几个解放区又陆续出版了几种不同版本的《毛泽东选集》。这些选集没有经过作者审定，但它们对宣传毛泽东思想曾经起了很好的作用。《六大以来》《六大以前》《两条路线》和《毛泽东选集》，是我党解放前编辑的几种最重要的

文献集。

建国以后，党的文献工作进入一个新的时期，按历史顺序大体可以分为三个阶段。

第一阶段：从 1950 年到"文化大革命"发动之前。

这一阶段的文献工作可以《毛泽东选集》一至四卷的编辑出版作为代表。这里着重地介绍一下这部书的编辑情况。1950年 5 月，中央政治局决定成立中共中央毛泽东选集编辑委员会。《毛泽东选集》一至四卷是毛泽东亲自主持编辑的。参加编辑工作的主要有陈伯达、胡乔木、田家英，另外有一些同志做注释工作和翻译工作。《毛泽东选集》某些重要文献是否选入，毛泽东都要征求政治局同志的意见。例如，《关于若干历史问题的决议》就是在毛泽东征得政治局各同志的同意后，才作为附录收入《毛泽东选集》第三卷的。《毛泽东选集》的编辑和出版不是毛泽东个人的问题，而是经过中央政治局集体研究和确定的。

《毛泽东选集》的编辑工作，经受了历史的检验，质量是比较高的。

首先，文章选得好，选得精，选收了毛泽东自大革命以来各个历史时期的最重要的、最有代表性的著作。这些文章，是参照过去出版的《毛泽东选集》的几种版本、查阅了大量档案材料后精选出来的。例如，第四卷中反映三大战役和西北战场作战的几份电报，就是从几百件电报中筛选出来的。有的重要文献采用了节选的方法，如古田会议决议等。还有一些重要文章，作者已经作了文字修订，以后又不收了。毛泽东一生中给我们留下了大量文稿，仅民主革命时期就有一千万字以上，但《毛泽东选集》一至四卷只有一百万字。总之，《毛泽东选集》的文章是选得很精粹的。

其次，毛泽东对选稿亲自作文字修订，亲自撰写重要题解和某些重要注释。一至三卷中的重要题解，许多是出自毛泽东的手笔，例如《关于纠正党内的错误思想》《星星之火，可以燎原》《中国革命战争的战略问题》《上海太原失陷以后抗日战争的形势和任务》《青年运动的方向》《中国革命和中国共产党》《放手发展抗日力量，抵抗反共顽固派的进攻》等文的题解。《关于纠正党内的错误思想》的题解，对古田会议决议作出这样的评价："这个决议使红军肃清旧式军队的影响，完全建立在马克思列宁主义的基础上。这个决议不但在红军第四军实行了，后来各部分红军都先后不等地照此做了，这样就使整个中国红军完全成为真正的人民军队。"《中国革命战争的战略问题》的题解，说明了这篇著作的背景和意义：它是为着总结第二次国内革命战争的经验而写的，是第二次国内革命战争时期党内在军事问题上的一场大争论的结果，是表示一个路线反对另一个路线的意见。《上海太原失陷以后抗日战争的形势和任务》的题解，指出："这是毛泽东1937年11月在延安中国共产党的活动分子会议上的报告提纲。从这时起，党内右倾机会主义分子就反对这个提纲；直到1938年9月至11月召开的中共六届六中全会才基本上克服了这种右的偏向。"《放手发展抗日力量，抵抗反共顽固派的进攻》一文的题解，指出和批评了项英的右倾错误。《青年运动的方向》的题解，虽然只是一句话，却揭示了文章的意义。毛泽东写的题解蕴含着重要的思想政治内容，有的提供了文章的历史背景，有的发挥了文章的思想，有的阐明了文章的意义，对读者理解这些文章有很大的帮助。毛泽东写的一些注释，也是有重要思想内容的，例如，《井冈山的斗争》一文，对红军"全靠打土豪供给"、红军从军长到伙夫生活费一律平等、红军战斗员中党员所占比例、革命根据地产品运不出去等问题所作的注释；《怎样分析农村阶级》一文，对农村"公共土地"所作的解释；《论持久战》一文，对亡国论、速胜论、把抗战的前途完全寄托在外国援助上、希望依靠几个台儿庄一类的胜利就能挡住日本等错误观点所作的评述性注释；《中国共产党在民族战争中的地位》一文，在"巴西会议"一注中关于张国焘分裂中央，并企图危害中央的说明；《必须制裁反动派》一文，对于"统一"所作的解释，等等。这些注释，有阐述党的政策的，有对党的历史问题作出重要论断的，有对正文作补充说明的。毛泽东撰写的题解和注释，具有重要的思想理论价值和史料价值，具有毛泽东特有的文风，应当把它们看作和正文具有同等重要意义的历史文献。

第三，对讲话记录稿作了精心整理。《为人民服务》《抗日战争胜利后的时局和我们的方针》《关于重庆谈判》《对晋绥日报编辑人员的谈话》《党委会的工作方法》等，都是由别人根据讲话记录整理经作者亲自修改审定的。这些整理稿不仅在内容上忠实地表现了原讲话的思想、观点，而且在文字上也较好地体现了作者的风格和气派。

第四，对文稿进行了认真考证。举几个例子来说。第四卷中的《关于目前国际形势的几点估计》，是在查阅了很多档案材料，并由当时的经历者胡乔木鉴定后，确定为毛泽东所起草。又如，第四卷中的《中共中央关于同国民党进行和平谈判的通知》，也是查阅了很多档案材料，最后由周恩来鉴定确认是毛泽东为中央起草的。

第五，文字校订做得比较细致，用字规范要求比较严格。

《毛泽东选集》一至四卷的编辑工作也有缺点和不足的地方。例如，个别地方作了不适当的修改。《关于纠正党内的错误思想》中有一段话，原来的文字是："就是社会主义经济时期，物质的分配应当按照各人及各工作的需要。决然无所谓绝对平均。"编辑时改为："就是在社会主义时期，物质的分配也要按照'各尽所能按劳取酬'的原则和工作的需要，决无所谓绝对的平均。"这样一改，就出了一个差错，因为"各尽所能，按劳取酬"是斯大林在1931年才提出的，而《关于纠正党内的错误思想》是1929年写的。由于编辑校对工作的疏漏，在人名、地名、时间等方面还出了某些差错，如《井冈山的斗争》

一文中,将"茶油"误为"茶、油";将井冈山东麓的拿山与西麓的水口两地相距"百八十里",误为相距"八十里";将湘赣边区党的第二次代表大会开会时间"10月4日"误为"10月14日"。在注释方面,由于受当时资料掌握情况和学术研究水平的限制,在史实上,在对人物、事件的评价上,以及文字的表述上,都存在一些缺点以至错讹。在编辑技术方面也还有一些不够周全的地方,例如,对每篇文章没有作刊印情况的说明;某些军事著作没有附军事地图。毛泽东逝世后,我们发现在他审阅的《毛泽东选集》第四卷样本上有这样一个批语:"三大战役的地理位置应绘图。"

这里说一说关于作者修改自己过去的文章的问题。毛泽东对发表自己的文章一贯持十分慎重的态度,总是力求以尽可能完美的东西贡献给读者。他在主持编辑《毛泽东选集》中重校过去的文章时,仍取这种态度,认真地、一丝不苟地修订自己的文章。对有的文章,如《矛盾论》,作了部分的补充、删节和修改。他在校订《中国社会各阶级的分析》一文时,加进了一句重要的话,即:"工业无产阶级是我们革命的领导力量。"这句话虽然是原文所没有的,但并不是毛泽东当时的思想认识所没有达到的。他在同年发表的《国民革命与农民运动》中就明确提出了"进步的工人阶级尤其是一切革命阶级的领导"。应当说,作者在重新发表自己过去的文章时,有权作某些修改,包括重要观点的修改。后人要研究他的思想发展的历史，可以根据过去发表的文章进行考察。当然，这类重要的改动，如能采取适当的方式加以说明，就周全了。毛泽东本人对《毛泽东选集》一至四卷也并不认为是十全十美的。他对有的文章就表示过不够满意。他还说过，出版第二版时应对注释进行修改和校订。

《毛泽东选集》一至四卷，是建国以来党中央编辑出版的一部十分重要的文献，对于在全国人民中间宣传和普及马克思列宁主义、毛泽东思想，曾经起过、并且今后还会继续起着重要的作用。从文献编辑工作来说，这部书的编辑质量达到了当时可能达到的很高水平，在我党文献工作历史上占着重要的一页。它为党的文献编辑工作，特别是老一代革命家著作的编辑工作，提供了许多有益的经验，其中有些经验在今天仍然是适用的。它的某些缺点和不足，则可以作为后来的文献编辑工作的借鉴。当然，今天我们运用《毛泽东选集》编辑工作的经验时，要注意到条件的不同。当时毛泽东健在，他亲自主持编辑工作和定稿，从文字到内容，可以做某些修改。今天我们编辑毛泽东和其他已经过世的老一代革命家的著作，就不应当、也没有权利那样做了。

1960年在编辑出版《毛泽东选集》第四卷的同时，还编出了一本《毛泽东选集》第五卷清样本。毛泽东对于出版他解放后的选集，一直是很谨慎的。他认为建国以后搞建设的经验还需要更多的实践来检验，迟迟不愿出版第五卷。

1962年,党中央决定编辑出版《刘少奇选集》。这是建国后中央决定出版的又一部重要文献。这项工作当时已经着手进行,并且提出了一个选目。后来根据作者的意见,《刘少奇选集》的编辑工作停下来了。

1964年,为适应一般干部和工农青年学习毛泽东著作的需要,在毛泽东选集出版委员会的指导下,经毛泽东同意,分别编辑出版了《毛泽东著作选读》甲种本和乙种本。

此外,从建国到"文化大革命"以前,党中央有关部门,为适应各种不同的需要,编辑了一些文献集,有的供内部使用,有的公开发行。这些文献集,或者为保存档案、便利查阅文件,或者为学习党的政策、研究党的历史,提供重要资料。例如,中宣部编辑的一套《中共党史教学参考资料》,当时对于中共党史的教学和研究工作,起了重要作用。

以上是第一阶段的简略情况。

第二阶段:从"文化大革命"初期到党的十一届三中全会。

这一时期,党的文献工作,同党的其他许多工作一样,受到严重的干扰和破坏。它是在极左思想指导下、在个人崇拜盛行的政治环境中进行的。为适应当时的政治需要,《毛泽东选集》在大量重印的时候,经毛泽东同意,删去了《统一战线中的独立自主问题》和《整顿党的作风》两文中引用的刘少奇的话,并将其他文章中的题解、注释中刘少奇的名字统统删掉。

1969年,康生等直接主持重编《毛泽东选集》第五卷,并印出送审本。随后这个工作就基本上停下了。

1975年，邓小平主持党中央的日常工作，《毛泽东选集》第五卷的编辑工作由邓小平、康生、胡乔木三人负责，胡乔木具体主持。在这期间，胡乔木主持完成了《论十大关系》和其他几篇文稿的整理工作。毛泽东审阅了《论十大关系》，并批示：印发全党讨论，将来出选集再公开。《论十大关系》在1976年12月26日发表，随后收入1977年出版的《毛泽东选集》第五卷。

1975年冬，发动了"批邓反击右倾翻案风"运动，邓小平、胡乔木被排斥在《毛泽东选集》第五卷编辑工作之外。《毛泽东选集》第五卷的编辑工作，由另一些同志担任。

1977年3月成立中共中央毛泽东主席著作编辑出版委员会，同时设办公室作为编委会的办事机构。1977年4月《毛泽东选集》第五卷出版。这一卷的出版说明和一些题解，是在"以阶级斗争为纲"的指导思想下写的。出版说明中继续说刘少奇、彭德怀代表修正主义路线，继续强调"无产阶级专政下继续革命的理论"，继续肯定"文化大革命"。在文稿的编选上，也突出地反映了"左"的指导思想，甚至为了攻击刘少奇等同志，非常牵强地选入一篇关于处理具体工作问题的文稿。此外，还存在其他一些问题。因此，《毛泽东选集》第五卷，经中央批准，于1982年停止出售。

第三阶段：党的十一届三中全会以来。

十一届三中全会是建国以来我们党的历史上的伟大转折。经过拨乱反正，党的各项工作相继转上正确的轨道，党的文献工作也是如此。

首先，端正了指导思想。在文献编辑工作中，冲破了个人迷信和"两个凡是"的思想束缚，肃清了"无产阶级专政下继续革命的理论"的思想影响，恢复了实事求是的思想原则。三中全会以来，党中央强调指出：毛泽东思想是中国共产党人集体智慧的结晶，是马克思主义基本原理同中国革命实践相结合的科学成果，这一科学成果在实践中不断有新的发展。党的重要文献是研究这一成果的珍贵资料。根据这一指导思想，从长期以来只编辑毛泽东一个人的著作发展到编辑毛泽东、周恩来、刘少奇、朱德等许多老一代革命家的著作以及现任中央常委的著作；从编辑历史文献发展到既编辑历史文献又注重编辑当代文献。

其次，开拓了新的工作局面。党中央加强了对党的文献工作的领导。1980年4月，中央成立中央文献编辑委员会，原来的毛著编委会办公室改名为中央文献研究室，作为文献编委会的办事机构。中央文献研究室作为专门从事党的文献编辑研究工作的一个中央部门，它的主要任务是：收集、研究党的重要文献（其中主要是毛、周、刘、朱以及健在的主要中央领导同志的文稿），编辑出版党中央的文件汇编和毛、周、刘、朱等同志的选集、年谱、传记等，并与有关方面联系编辑出版其他老一代革命家的著作。接着，经中央批准，又相继成立了中央党史研究室、中央党史资料征集委员会，分别负责撰写中国共产党历史和征集、编纂党史资料（包括党的文献）。这些新成立的中央部门加上中央档案馆以及军队的高级科研机构和高级军事院校等部门，恢复并大力开展了党的文献编辑工作。同时，各地方也先后不等地开展了这一工作。整个党的文献工作出现了前所未有的蓬勃发展的繁荣局面。

几年来，中央文献研究室和中央委托的其他部门，已经编辑出版了《周恩来选集》（上、下卷）、《刘少奇选集》（上、下卷）、《朱德选集》、《董必武选集》、《瞿秋白选集》、《张闻天选集》、《陈云文选》（两卷）、《毛泽东书信选集》、《毛泽东农村调查文集》、《毛泽东新闻工作文选》、《毛泽东军事文选》（内部本）、《周恩来统一战线文选》、《周恩来教育文选》、《董必武政治法律文选》以及《中共中央文件选集》（多卷本）、中央党史资料丛书等历史文献，并且重印了《六大以来》和《六大以前》。还编辑出版了直接配合当前工作的三中全会以来重要文献的选编和汇编，《邓小平文选（一九七五——一九八二年）》、邓小平《建设有中国特色的社会主义》、邓小平《有理想、有道德、有纪律、有文化》、整党学习文件（三种）、《知识分子问题文献选编》、《新时期统一战线文献选编》等当代文献。中央文献研究室还单独地或者同其他单位合作，编辑了下列几种书籍：《毛泽东著作选读》（新编本）、《毛泽东军事文集》（多卷本）、《毛泽东早期著作集》、《周恩来书信选集》、《刘少奇党的建设文选》、《刘少奇合作社文选》、《任弼时选集》、《邓小平文选》（一九三八——一九六五年）、《陈云文选（一九五六——一九八五年）》（即将出版）以及《十二大以来重要文献选编》等。中央档案馆目前同广东、广西、湖南、湖北、安徽、福建、江苏、上海、浙江、四川、陕西、内蒙古、河北、河南等地的档案部门或党史部门分别合编各有关地区的革命历史文件汇集，还在编辑解放前各中央局以及各革命根据地的文件汇集。军队系统正在编辑《长征》《八路军》《新四军》以及关于三大战役等大型史料丛书（包括大量党的文献）。这些都是卷帙浩繁的系统的文献汇集。此外，有关部门已经编辑出版了李大钊、蔡和森、邓中夏、恽代英、张太雷、彭湃等老一代革命家的文集。

以上列举的，只是十一届三中全会以来已经出版或将要出版的一部分最重要的历史文献和当代文献，没有包括全部已经出版或将要出版的文献。三中全会以来，编辑出版的党的文献，其数量之多，内容之丰富，在党的文献工作历史上是从来没有的。这些文献，为宣传马列主义、毛泽东思想，宣传党的路线、方针、政策，学习党的优良传统，研究党的历史经验，提供了丰富的珍贵资料。

第三，积累了新的编辑经验。这几年的编辑工作，在继承过去编辑工作的优良传统和好的经验的基础上，根据新的情况（例如毛、周、刘、朱等老一代革命家已经去世，党的历史文献的大量解密，等等），经过不断地摸索和改革，在许多方面，包括文稿的选择、整理，题解和注释的撰写，文字的校订和规范化等方面，都程度不同地有所前进，有所创新，有所突破。这里只举一个例子。过去《毛泽东选集》一至四卷的人物注释，议论多，断语多，这样就超出了注释工作的范围。有鉴于此，现在作人物注释，主要介绍这个人的基本情况，同正文有关的重要情节和背景，以帮助读者理解正文。这是文献注释工作的一项重要改进。中央文献研究室为了保证编辑工作质量，提高编辑工作效率，使编辑工作向规范化、科学化前进一步，制定出一套编辑工作条例，在本室内部试行。这些条例，还需要在自己的工作中，在广泛吸取其他单位经验的基础上，不断地充实和完善。其他部门，包括中央的和地方的，在党的文献编辑工作方面也积累了丰富的经验，中央文献研究室应当很好地向他们学习。

从以上简单的历史回顾可以看到，党的文献编辑工作同党的命运是紧密相连的，它的发展与倒退同党的路线正确与否息息相关。党的文献编辑工作经历的曲折道路，从一个侧面反映了我们党所走过的道路。

二、党的文献编辑工作的意义

怎样看待党的文献编辑工作？应当说，它是党的思想宣传工作战线的一个重要方面。党的思想宣传工作战线有各种各样的队伍，有理论宣传队伍，有文艺队伍，有新闻队伍等等，党的文献工作者也是其中的一支队伍。

要懂得党的文献编辑工作的意义，首先要了解党的文献在我国社会政治生活中的作用。老一代革命家特别是毛泽东、周恩来、刘少奇、朱德、邓小平、陈云等人的著作和中央集体形成的文件，是党的文献的主干。它们分别在中国革命历史上，在现实的社会政治生活中，起着指导性的作用，深刻地影响着中国革命和建设事业的进程。不懂得、不了解这些文献，也就不懂得、不了解现代的中国及其历史发展过程。其他浩如烟海的党的文献资料，包括一个地区的，对于了解全国的或者某一个地区的现代历史演变过程，也都是不可缺少的。当然，文献与实践不是一回事，文献指导实践，但实践并不是完全按照文献的指导去发展，文献还要接受实践的检验。这一点也是要说明的。

编辑出版党的文献，特别是中央文献，可以从以下几个方面去说明它的意义。

第一，为学习党的历史，总结历史经验，提供最重要、最基本的材料。

中国共产党已有六十多年的历史。它在极端复杂的环境中领导中国革命和建设事业，积累了丰富的经验，有正面的，有反面的，有成功的，有不成功的。通过研究历史文献，总结历史经验，可以使我们对过去的历史有一个规律性的认识，分清什么是正确的路线和政策，什么是错误的路线和政策，以达到提高认识、统一思想的目的。四十多年前进行的延安整风，就曾经采取了通过编辑党的历史文献供大家学习从而促进统一思想的方法。1941年至1943年毛泽东主持编辑《六大以来》《六大以前》和《两条路线》等文集，组织高级干部进行学习，这对于在高级干部中统一思想，为在全党开展整风运动，起了很重要的作用。毛泽东在1943年9月政治局扩大会议上，在回顾党中央克服王明路线的经过时说：1941年"六月后编了党书，党书一出许多同志解除武装，才可能召开一九四一年九月会议，大家才承认十年内战后期中央领导的错误是路线错误"[1]。这里所说的"党书"就是《六大以来》。后来毛泽东又曾多次讲到这个事情。例如，1964年1月在同斯特朗等几位外国朋友谈话的时候说：经过延安整风，中央委员会还是同样一些人，但是局面却变了，除个别的人，如王明，大家都团结在一起。我们采用的是说服的办法。开始时，许多人是说不服的。我们就把过去的中央文件、指示等等编了一本书，叫《两条路线》。有些人已经忘记了自己过去发过什么指示，写过什么决议，把过去的东西合编起来一看，他们就感到过去不对了。毛泽东的这些话生动地说明，当时如果不把党的历史文献编辑起

---

[1]《毛泽东年谱（1893—1949）》修订本中卷，中央文献出版社2013年版，第469页。

来，进行系统学习，就不能首先在中央领导核心统一思想，延安整风就不可能顺利地开展并取得辉煌的成功。党的文献是党的历史的记录。以历史为借鉴，汲取和发扬正确的、成功的、对于今天仍然有用的东西，避免重犯过去的错误，并且从对历史的回顾和总结中，结合现实，制定出符合今天情况的路线和政策，这些都离不开对历史文献的系统研究，而要研究，没有历史文献的编辑工作是很困难的。

第二，为全党和全国人民学习和研究毛泽东思想提供基本教材。

由中共中央主持或者指导编辑的《毛泽东选集》（一至四卷）、《毛泽东著作选读》（上、下册）、《周恩来选集》（上、下卷）、《刘少奇选集》（上、下卷）、《朱德选集》以及其他老一代革命家的选集或文选，都是学习和研究毛泽东思想的基本教材。这些文献，对中国革命和建设的经验作出了理论的总结和说明，集中体现了中国共产党关于马克思列宁主义与中国革命和建设的实践相结合的思想路线。这些文献所阐述的世界观和方法论以及许多理论观点、思想原则，具有普遍的意义，在今天以至将来都有指导和借鉴作用。编辑出版这些文献，对于宣传和普及马列主义、毛泽东思想，宣传党的光荣斗争历史，宣传老一代革命家的革命精神和业绩，对人民进行爱国主义、共产主义和革命传统的教育，指导和鼓舞人民为争取美好前途而奋斗的胜利信心，曾经起了并且还将继续起着重要的作用。

第三，为宣传党的路线、方针、政策，指导当前工作，提供系统的文献。

这主要是指当代文献。宣传党的路线、方针、政策，有许多渠道，报纸刊物是一种渠道，广播电视是一种渠道，中央印发文件也是一种渠道。通过这些渠道宣传党的路线、方针、政策，能及时、迅速、广泛、最直接地指导当前工作。编辑出版当代文献汇集，也是一种渠道，这种渠道是别的渠道所代替不了的。人们通过文献汇集，可以系统地、全面地、历史地学习和理解一个时期以来党的路线、方针、政策及其发展过程，有利于从总体上准确地把握党的指导思想。同时，当代文献汇集也给各级领导干部查阅和学习有关文件，用以指导工作，提供了方便。近年来编辑出版的《三中全会以来重要文献选编》（上、下册）、《十二大以来重要文献选编》（已出版上、中册），就是属于这一类。这些文献公开出版，使读者得以全面了解十一届三中全会以来的路线、方针、政策，清楚地看到三中全会以来我们党所走过的道路是正确的，党中央正在领导我们沿着这条道路继续前进。在当代文献中，应当特别提到《邓小平文选（一九七五——一九八二年）》和邓小平《建设有中国特色的社会主义》一书及其增订本。邓小平同志这些著作是当代文献中最有代表性的，它集中代表了新的历史时期我们党的正确路线，是毛泽东思想在新的历史条件下的继承和发展。编辑出版邓小平同志1975年以来的著作，对于指导中国人民建设有中国特色的社会主义，具有特殊的重要意义。

第四，为中共党史研究工作和理论研究工作提供第一手资料。

提供系统的详细的文献资料，是进行党史研究和理论研究的前提和基础。从一定意义上讲，科学研究的深度和广度，取决于文献资料提供的程度。党的文献编辑工作，是整个研究工作的一个重要环节。随着研究工作的深入和发展，对文献编辑工作提出的要求也就越来越高。为了发展和繁荣我国党史和理论研究工作，党的文献编辑工作者肩负着不可推卸的任务。

党中央把建设社会主义精神文明提到战略地位，提出进一步繁荣我国的科学文化事业，特别是提出坚持四项基本原则，反对资产阶级自由化的任务，这就加重了整个宣传工作包括党的文献编辑工作的历史责任。

三、怎样做好党的文献编辑工作

党的文献编辑工作，是一门学问，有它一套专门的业务，做好这个工作并不容易，培养出优秀的党的文献编辑工作者就更不容易。要做好这个工作，至少应具备五个条件，解决五个方面的问题，用个形象的比喻来说，也可以叫作"过五关"。

第一叫思想关，就是说，要树立正确的工作态度。

前面说过，编辑党的文献意义很大。但开始做这个工作的时候，往往会感到有些枯燥，特别是刚从学校里出来的有些青年同志会有这种感觉。这要有一个提高认识和自觉适应的过程。首先要求能够安下心，坐得住，不为名，不为利，埋头苦干，忠诚于这个事业。大家知道，革命导师恩格斯曾经放下自己大量的研究工作，把自己晚年的大部分精力用于编辑和整理马克思的科学巨著《资本论》第二卷和第三卷。恩格斯这种为人类解放事业而无私奉献的精神，深深地感动了列宁。列宁说："奥地利社会民主党人阿德勒说得很对：恩格斯出版《资本论》第2卷和第3卷，就是替他的天才朋友建立了一座庄严宏伟的纪念碑，无意中也把自己的名字不可磨灭地铭刻在上面了。的确，这两卷《资本论》是马克思和恩格斯两人的著作。"[1]但是，恩格斯并没有在《资本论》第二卷和第三卷署上自己的名字，仍把这两卷书作为马克思一个人的著作公之于世。我们党有一批长期从事理论宣传工作的同志，包括一些在理论界有影响的同志，也做过党的文献编辑工作，为编辑出版老一代革命家的著作，如《毛泽东选集》一至四卷等，倾注了大量心血，付出巨大的艰苦的劳动。但是，这些书上并没有留下他们的名字。现在，我们党有一大批从事党的文献编辑工作的同志，他们在各自的岗位上默默无闻地工作着。做一名党的文献工作者，就是要有为党的事业，为人类的解放事业而献身

---

[1]《列宁选集》第1卷，人民出版社1995年第3版，第95页。

的崇高的思想境界。有了这样的胸怀,这样的精神,这样的思想境界,就具备了做好这个工作的坚实的思想基础,就有可能成长为一名优秀的党的文献工作者。

第二叫作风关,就是说,要有严谨的工作作风。

任何编辑工作都需要有这种工作作风,党的文献编辑工作尤其需要有这种工作作风。党的文献工作是一件非常严肃的工作,它最忌讳粗枝大叶,马虎潦草。由于作风粗拉而发生的错误,常常引起不好的后果,造成政治上、经济上的损失,甚至影响文献的声誉和权威性。做编辑工作,从版本的选择和校勘,事实的考订,引文的核对,体例的规范,文字的订正,一直到标点符号的使用,都要求很严格,不得有疏漏或错误。这是一个艰苦和十分细致的工作,要有高度的责任心,还要掌握一套过硬的本领,否则是做不好的。就拿校对来说,它也不是一个简单的事情。古时候把校对叫作"雠校"或"校雠",是一个专门的学问。西汉刘向《别录》中说:"一人读书,校其上下,得谬误为校。一人持本,一人读书,若冤家相对为雠。"雠同仇,冤家就是仇敌。意思是说,校对就要像对付敌人一样的认真,不放过任何一个错讹。毛泽东1938年3月15日在抗大三大队毕业典礼上的讲话中,也说过这样的话。他说,古人说校对为"校雠",我看"雠"字很有道理,那就是说,不把稿子当仇人看,校对是弄不好的。在编辑工作中,任何侥幸的心理都是要不得的,任何一点敷衍了事都是不行的。只要发现一个疑点，就要追根究底，查个水落石出。错误，包括某些重要的错误，往往是在人们不大注意的地方被忽略过去所产生的。这种事例是屡见不鲜的。中央文献研究室受中央委托，审查一些单位送来的文稿，这些文稿，大部分的编辑工作是做得好的或者比较好的，但也常常出现一些不应有的错误和编者应该处理而不作处理的情况，甚至还有抄写中的错误。文献研究室自己的编辑工作过程当中，也不是没有这种情况。我们深深感到，严谨细致的工作作风，对于文献编辑工作来说是太重要了。

第三叫文字关，就是说，要有较高的文字水平。

编辑党的文献，特别是编辑广大群众学习的中央领导人的选集和中央文献选编，都要求编者有较高的写作能力和文字修养，这里包括写题解，作注释，拟标题，撰写出版说明和编者后记，等等。例如，写题解和注释，要求文字简洁、精练、准确、流畅，脉络清楚，抓住要点，用最小的篇幅容纳最大的必须向读者提供的信息量。又例如，拟标题，要求醒目，有实际内容，尽量简短，力戒一般化、空泛、累赘。毛泽东是很讲究文章标题的。1948年9月14日，他在批改一条新闻和一篇社论的时候写道："凡新闻，标题必须有内容。原标题无内容，不能引人注目。""凡论文标题，亦须有内容，原标题没有内容，不能引人注目。"这条新闻，原标题是《华北召开中等教育会议》，毛泽东改为《华北中等教育会议决定改善中等教育的诸项制度》。这篇社论,原题是《中等教育问题》,毛泽东改为《恢复和发展中等教育是当前的重大政治任务》。1955年,毛泽东主持编辑《中国农村的社会主义高潮》一书,他几乎对每一篇材料都作了文字修改,改正许多文法不通、半文半白、晦涩难懂的文句。特别是标题改得好,把一些冗长、累赘、使人看了头痛的标题,改得新鲜、生动、有力,而又突出了文章的主题思想,引人注目。例如有一篇材料,原题是《天津市东郊区詹庄子乡民生、民强农业生产合作社如何发动妇女参加田间生产》,共三十三个字,毛泽东改为《妇女走上了劳动战线》,只用了九个字,既形象,又抓住了主题,读者一看就有印象。另一篇材料,原题为《大泉山怎样由荒凉的土山成为绿树成荫、花果满山?》,毛泽东改为《看!大泉山变了样》,这个题目多么吸引人!类似的例子可以举出许多。以上说的是毛泽东讲述和修改新闻、论文、调查材料的标题,同文献的标题不尽相同,但也有共同的地方,值得文献编辑工作者学习。至于整理领导人文稿,就更需要有较高的文字修养,既要忠实于原稿,又要做到文从字顺,并保持原作者的文字风貌。这里所说的整理文稿,主要是指整理讲话记录稿。手稿和已经发表过的文稿,不在此列,对这些文稿只能作个别文字和事实的订正(有的是通过注释形式)。对健在的领导人的讲话记录的整理,都是要经过作者本人审阅定稿的,作为编者,实际上只是做了秘书性的工作。

第四叫知识关,就是说,要有比较扎实的专业知识和比较广泛的其他方面的知识。

编党史文献,要有党史知识;编领导人的著作,还要熟悉领导人的生平、思想;编当代文献,则要了解和熟悉党的现行政策和现实情况。不论编哪种文献,都要具备编辑业务知识和其他方面的知识。党的文献、领导人的著作(特别是毛泽东的著作),涉及的领域非常广泛,古今中外,无所不包。如果编者缺乏知识或者知识面很狭窄,工作会遇到很多困难,甚至发生错误。例如,编一本领导人的著作,由于缺少有关的党史知识,选稿往往把握不准,该选的不选,不该选的选了,或者把重要文稿遗漏了。又例如,文稿中有错误史实发现不了,结果造成错讹,如此等等。作注释更需要有广博的知识,而且还要熟悉各种书籍和报刊,便于查阅。

第五叫政治、理论关,就是说,要有一定的政治水平和理论修养。

前面我们说过,编辑党的文献特别是当代文献,政治性很强,绝不能把它看作单纯技术性的工作。从编辑方针的确定,到文稿的编选,题解和注释的撰写等,都要注意政治和社会效果。直接为现实政治服务,指导当前工作的文献,更是如此。因此,编辑工作者要有敏锐的政治眼光,有一定的政策水平,有宽广的视野,有从大局、从全局考虑问题的能力。党的文献常常涉及许多理论问题,编者如果没有必要的理论知识和理论修养，在文稿的选编和处理上，在对一些理论观点和理论问题的把握上，就会感到困难，感到棘手，甚至还会出现编选上的错误。编辑供广大群众学习的文献书籍，特别要注意这个问题。

以上讲了五条，讲了过五个"关"。这并不是说，每一个从事文献工作的同志，都要按这个顺序一"关"一"关"地过。所谓"过关"，只是用了一个比喻，说明达到一个合格的党的文献工作者应当具备的条件。其实，这五个方面，不论哪一个方面的进步和提高都是没有止境的。

下面，根据中央文献研究室多年来的工作经验，还想再说一说文献编辑工作中应当注意的几个问题。

一个是科学性和政治性的统一。科学性和政治性在根本上是一致的，但有时也会遇到一些不容易处理的问题。如何处理好这两者的关系，是一个应当十分注意的问题。编一部党的文献，既要保持它的科学性，又要注意它的政治性。所谓科学性，最根本的是忠于原著（健在的领导人对自己的文稿进行某些修改，那是另一种情况），这是最基本的、第一位的问题，否则，就有损于文献的科学价值和严肃性。但是另一方面，发表党的文献，毕竟跟公布历史上某一个朝代，比如说明朝或者清朝的档案不一样，因为党的文献同现实政治关系密切。一篇党的文献，一本党的文献集，能不能发表，什么时机发表，采取什么形式发表，发表以后在党内外、国内外会引起什么反响，这些，都不能不从政治上考虑。当代文献更要注意这个问题，注意是否有利于党的事业，是否同党的现行政策直接相抵触，是否有利于党的团结和全国各族人民的团结。总之，党的文献编辑工作的科学性和政治性必须兼顾，二者必须统一。这是要注意的第一点。

第二是创造性和纪律性的统一。编辑工作是一种创造性的工作。编辑人员要有创新精神，在工作中发挥主动性和创造性。唯其如此，文献工作才有生气，才有不断的进步和新的气象。在文献编辑工作中，也要提倡和鼓励不同意见的争论，实行"双百"方针。在内部，什么问题都可以争论；在上下级之间实行平等的讨论，谁的意见对就照谁的意见办。这样做，只有好处，没有坏处，可以使我们编出来的书籍更完善一些，更精致一些。但是，党的文献编辑工作又必须严格遵守纪律，在政治上同党中央的路线、方针相一致。凡是中央已有定论、事实确凿、中央没有改变原有定论的历史问题，不能随意发表所谓"翻案"材料。如果有意见，可以通过正常组织程序向中央反映。凡是不利于党和人民的事业，不利于党的团结和人民团结的材料，不能随意发表。凡是发表党的主要领导人的没有公开发表过的文稿，以及涉及重大机密问题的文献，均应按规定的程序报经中央和中央委托的部门审核批准。文献工作的创造性和纪律性这两个方面都要注意，不能片面地强调某一个方面。只讲创造性，不讲纪律性，就可能犯错误。只讲纪律性，不讲创造性，就会墨守成规，停止不前。

第三是编辑工作和研究工作的统一。我们说编辑工作是一种创造性的劳动，的确，没有研究就编不出高质量的书，编辑工作本身包含着许多研究工作。有人认为，不做研究工作同样可以做好编辑工作。这是一种误解，至少是把编辑工作看得太简单、太容易了。前面我们列举的那些编辑工作，哪一件工作不花力气研究就可以做好？这是一种研究，是属于编辑业务范围内的研究。还有一种研究，就是结合编辑党的文献，进一步收集材料，做专题性或综合性的研究，写出具有一定学术水平的文章或专著。这是又一个层次的研究。编辑工作和研究工作是相辅相成的。编辑工作可以为研究工作打下一些基础，准备一些条件；研究工作又可以为编辑工作开拓新的领域，提高编辑工作的质量。当然，作为党的文献编辑工作者，应以编书为主，研究工作主要服从于和服务于编辑工作，把党的文献编辑工作提到更高的水平。

回顾毛泽东关于防止和平演变的论述[*]

经过1989年春夏之交在我国发生的动乱和北京发生的反革命暴乱，以及这一年秋冬以来一些社会主义国家所发生的动荡，回顾一下毛泽东关于防止和平演变的论述以及与此有关的其他思想，是很有必要、很有意义的。

从50年代末期起，毛泽东在指导思想上犯有"左"的错误，最终导致"文化大革命"的发动。关于这个问题，在中共中央《关于建国以来党的若干历史问题的决议》中已经作了结论。这个决议是完全正确的。今天我们需要在这一决议的指导下，对毛泽东从50年代末期以来的一些思想作具体分析：对于确实是错误的，应当坚决予以抛弃；对于经过实践检验证明是正确或基本正确的，应当继承、借鉴；对于一些正确与错误交织在一起的，则要加以分析，吸收其正确的部分，剔除其错误的部分。毛泽东关于防止和平演变和其他有关问题的论述，

---

[*] 这篇文章由中央文献出版社1990年12月出版单行本。

就是应当很好地加以研究和学习的问题。

一、关于防止和平演变问题

当美国的杜勒斯刚一提出对社会主义国家实行和平演变的战略，毛泽东就敏锐地觉察到这个问题，抓住这个问题，首先是向党内的高级干部，而后又向全党、全国人民进行教育，提高人们对西方帝国主义国家对社会主义国家搞和平演变的警惕性。根据现在查到的材料，毛泽东最早提出这个问题是1959年11月，那是在他召开的一次小范围的会议上，他印发了杜勒斯的几篇演说，内容都是讲和平演变的，要大家看一看。他说：杜勒斯讲他们要以什么"正义和法律代替武力"，又说"在这方面极为重要的，是要认识到，在这种情况下放弃使用武力并不意味着维持现状，而是意味着和平的转变"。和平转变谁呢？就是转变我们这些国家，搞颠覆活动，内部转到合乎他的那个思想。就是说，他那个秩序要维持，不要动，要动我们，用和平转变，腐蚀我们。[1]毛泽东还特别讲到，杜勒斯搞和平演变，在社会主义国家内部是有其一定的社会基础的。

1964年以后，毛泽东把防止和平演变问题正式提上日程，并提出应当采取的一系列实际步骤。他在1964年6月16日的

---

[1] 见《毛泽东年谱（1949—1976）》第4卷，中央文献出版社2013年版，第237页。

讲话,就专门讲到这个问题。他说:帝国主义说,对于我们的第一代、第二代没有希望,第三代、第四代怎么样,有希望。帝国主义的话讲得灵不灵?我不希望它灵,但也可能灵。[1]从这次讲话以后,在不同的场合,向着不同的对象,又多次讲这个问题。他警告人们说:我们国家也不太平,还有贪污分子,投机倒把分子,还有被和平演变的危险。

从50年代末60年代初毛泽东提出防止和平演变问题,到现在已过去整整三十年了。尽管六七十年代毛泽东曾经错误地估计当时的党内外形势,把政治、经济、社会、文化生活发展中的许多正常现象也误认为和平演变,但是我们在纠正这些错误的时候决不能忘记,和平演变的危险始终是客观存在着的;1989年的政治风波最有力地证明,毛泽东提出防止和平演变这个关系当代社会主义事业生死存亡的根本问题,是极其重要的,是很有远见的。

历史事实就是这样,当帝国主义者动用武力打败社会主义国家的企图遭到失败的时候,他们就改变策略,企图用和平演变的方法达到消灭社会主义的目的。他们实行经济的、政治的、文化的渗透,用资产阶级的腐朽的价值观来影响我们的人民,特别是影响青年一代,并在社会主义国家内部寻找和培植代表他们利益的人,即那些所谓持不同政见的人,以及那些反对

---

[1] 毛泽东在中共中央政治局常委和各中央局第一书记会议上的讲话。

派。他们特别注意在共产党内部寻找他们的这样的代理人。应当看到，国际范围内两种社会制度的对立和斗争，和平演变与反和平演变的斗争，将是长期的。只要帝国主义存在，他们对社会主义国家实行和平演变的阴谋就不会停止，企图最终实现其消灭社会主义的美梦。在这一点上，他们绝对不会改变，因此我们在思想上也绝对不能含糊。我国在今天实行改革开放政策的条件下，对于和平演变的危险需要更加警惕。还要看到，在国际形势发生了新的变化的情况下，他们除了采用经济制裁手段，对我国施加压力以外，还会日益加紧对我国推行和平演变战略。我们必须有充分的思想准备，要在任何情况下，矢志不渝地坚持社会主义制度。列宁的帝国主义论的基本理论并没有过时。同过去一样，最终支配资本主义国家的仍然是垄断资本、金融寡头。第二次世界大战以后，殖民地国家纷纷独立，但是帝国主义国家对原来是殖民地的第三世界，实行资本输出、经济压榨这样一个根本状况，并没有改变，资本主义世界的固有矛盾并没有消失。还应当看到，帝国主义对社会主义国家实行和平演变，在一定条件下，也可以转变为非和平的、暴力的形式。因此，我们要在新的历史条件下，学会运用和平的与非和平的两手，对付他们反社会主义的两手。

在国际范围内，社会主义国家同资本主义国家之间的关系是非常复杂的。就社会制度来说，它们既是对立的，又是共存的。两种社会制度国家的共存是一个历史的必然。共存，对双方都有有利的一面，是双方的需要，这是不同社会制度国家遵循和平共处原则的客观基础，也是社会主义国家实行对外开放政策的客观依据。我们既不能因为和平共处而丧失对西方国家向社会主义国家搞和平演变的警惕性，也不能由于帝国主义灭亡社会主义之心不死而拒绝同资本主义国家进行合作，更不能因此而影响社会主义国家的对外开放政策的实行。

防止和反对和平演变，坚持社会主义制度，保卫社会主义人民共和国，是长期的历史任务，是几代人的任务。我们应当对全党和全国人民，特别是青年，进行这方面的教育，同时应当采取相应的措施。

二、关于警惕党内特别是领导层出修正主义的问题

首先应当说明，在60年代，毛泽东提出警惕中央出修正主义的时候，他对当时党内状况的估计是错误的，他所说的修正主义，其含义也是含糊不清的。他将修正主义这个概念的外延不断扩展，把许多不是修正主义的东西也叫作修正主义，甚至把一些属于马克思主义原理和社会主义原则的东西，也当作修正主义来批判，搞乱了思想。但是，对这个问题应当采取分析的态度。如果研究一下毛泽东有关这方面的言论，可以看出，他往往把修正主义同资本主义看作一回事，例如他说：修正主义分子就是走资本主义道路的人；修正主义就是资本主义的东

西。他在 1964 年同一个外国代表团谈话时，说得更明白，他说："什么叫修正主义？就是资产阶级的思想、政治、经济、文化。"[1] 尽管当时毛泽东所使用的资本主义道路和资产阶级思想概念的含义也含糊不清，但是，从根本原则上说，他把警惕党内特别是领导层走资本主义道路和接受资产阶级思想的严重危险，作为一个战略思想，作为一个重大的理论和实际问题提出来，不能不说是很有预见的。外因总是通过内因起作用。资本主义国家对社会主义国家搞和平演变能否得逞，在很大程度上取决于社会主义国家内部的因素，其中最重要的就是共产党特别是它的领导层是否坚持马克思主义，是否密切联系人民群众。毛泽东 60 年代的预见，在 80 年代末 90 年代初被证明了，即东欧剧变，苏联解体。正如毛泽东所强调指出的："领导人、领导集团很重要。……许多事情都是这样，领导人变了，整个国家就会改变颜色。"[2] 鉴于国际国内的教训，现在党中央特别强调，党的各级领导班子，从中央到地方，必须掌握在忠于马克思主义的人手里。这一点是至关重要的。

还有一个反对党内腐败现象的问题。毛泽东历来十分注意这个问题。从 1944 年印发郭沫若的《甲申三百年祭》，要全党学习，引以为戒，到 1949 年在七届二中全会上提出警惕糖衣炮弹的攻击，到解放初期发动"三反"运动，都是为了防止和

---

[1] 毛泽东会见阿尔巴尼亚妇女代表团和电影工作者时的谈话，1964 年 5 月 15 日。
[2] 《毛泽东年谱（1949—1976）》第 5 卷，中央文献出版社 2013 年版，第 521 页。

反对党内的腐败现象。所以,在50年代,我们国家政风比较清廉,社会风气也比较好。人民对这一点是满意的。60年代在部分农村和少数城市基层开展的社会主义教育运动,是"以阶级斗争为纲"、在"左"的思想指导下进行的,这个运动错误地打击了党的许多好的和比较好的干部;但是它对于防止干部的腐败现象,对于纠正干部脱离群众现象,也起了一定作用。毛泽东一贯坚持不懈地同党内的腐败现象,诸如贪污受贿、以权谋私、官僚主义等等,进行不调和的斗争。他同这些丑恶现象是不相容的。毛泽东这方面的论述值得我们认真学习。

我们相信,只要我们党是坚强的,始终不渝地坚持马列主义、毛泽东思想,实行正确的政策,党的自身又是健全的,密切联系群众的,那么,我们党就能顶住来自任何方面的敌对势力加给我们的压力和腐蚀,防止和平演变,我们党就能立于不败之地。相反,如果党不能坚持马列主义、毛泽东思想,不能健全自身的肌体、消除腐败现象和脱离群众现象,那么,那些反对社会主义的势力,就必定利用我们党的弱点,利用群众的不满和失望,煽动制造动乱,以达到颠覆社会主义的罪恶目的。这方面的教训是十分深刻的,一定要牢牢记取。

三、关于意识形态领域的斗争问题

1989年春夏之交发生的动乱和反革命暴乱,是意识形态领域中资产阶级自由化长期泛滥的结果。自由化思潮从 1979 年初召开的理论务虚会上就已露端倪，同时出现了"西单民主墙"。从那以后，在这十年中间，虽然邓小平同志多次提醒要理直气壮地宣传四项基本原则，旗帜鲜明地反对资产阶级自由化，但是，由于党的个别主要领导人未能坚持实行邓小平同志的意见，对自由化思潮制止、斗争不力，表现软弱退让，甚至纵容和支持，结果，资产阶级自由化的思潮一浪高过一浪，终于导致动乱和反革命暴乱。

毛泽东曾经说过："凡是要推翻一个政权，总要先造成舆论，总要先做意识形态方面的工作。革命的阶级是这样，反革命的阶级也是这样。"[1] 新的历史实践进一步证明了这一论点的正确性。我们要维护和巩固人民民主政权，必须用马列主义、毛泽东思想去占领思想舆论阵地。同样，那些搞自由化的人，妄图颠覆社会主义制度的人，也是拼命企图占领思想舆论阵地，为他们的夺权阴谋做准备。社会主义国家的一些持不同政见者，总是先从意识形态方面着手，大造舆论，宣传资本主义的民主、自由、人权和资产阶级的价值观，攻击和否定马克思主义，丑化社会主义制度。帝国主义对社会主义国家搞和平演变，特别重视从思想文化方面进行渗透。

这里有一个怎样正确处理学术理论问题与政治问题的关系

---

[1]《建国以来毛泽东文稿》第 10 册，中央文献出版社 1996 年版，第 194 页。

问题。是不是可以这样看：这两者之间既有区别，又有联系。不把它们加以区别，生拉硬扯地把学术理论问题说成是政治问题，用强制的方法对待学术理论问题，是完全错误的。我们党过去在这方面犯过严重的错误，不应当重犯。这样不但有害于甚至会扼杀理论学术的发展，而且有害于党和社会主义制度本身。同样，如果看不到某些学术理论问题涉及社会主义理论和马克思主义理论的基础，对这些问题的讨论放任不管，任凭错误的、有害的学术观点自由泛滥，也是完全错误的。有些看来似乎是学术理论性质的问题，但如果在这些方面任凭资产阶级观点泛滥，那就会起腐蚀作用，逐步从根本上动摇马克思主义的理论基础。要正确处理好这两方面的关系是一件比较困难而复杂的工作，绝不能简单化。毛泽东主张在学术上坚持"百家争鸣"的方针，同时也主张对错误思想进行正确的批评。他说："百花齐放、百家争鸣的方针，是促进艺术发展和科学进步的方针，是促进我国的社会主义文化繁荣的方针。艺术上不同的形式和风格可以自由发展，科学上不同的学派可以自由争论。利用行政力量，强制推行一种风格，一种学派，禁止另一种风格，另一种学派，我们认为会有害于艺术和科学的发展。艺术和科学中的是非问题，应当通过艺术界科学界的自由讨论去解决，通过艺术和科学的实践去解决，而不应当采取简单的方法去解决。"[1]毛泽东这段话说得非常好。如何坚定不移地执行这个方针，仍是需要我们党在实践中经过长期的努力才能解决好的一个重大政策问题。他又说："毫无疑问，我们应当批评各种各样的错误思想。不加批评，看着错误思想到处泛滥，任凭它们去占领市场，当然不行。有错误就得批判，有毒草就得进行斗争。但是这种批评不应当是教条主义的，不应当用形而上学方法，应当力求用辩证方法。要有科学的分析，要有充分的说服力。教条主义的批评不能解决问题。"[2]现在重温这些论述，是很有益的。

这里也要注意到，关于怎样对待"百家争鸣"的方针，有两种截然相反的态度：一种是马克思主义的态度，就是通过百家争鸣，发展马克思主义，巩固和扩大马克思主义的思想阵地；另一种是自由化的态度，也打着"百家争鸣"方针的旗帜，大做文章，其真正的目的却是宣传自由化的观点，来攻击、否定马克思主义。正如毛泽东所说的："百花齐放、百家争鸣这两个口号，就字面看，是没有阶级性的，无产阶级可以利用它们，资产阶级也可以利用它们，其他的人们也可以利用它们。所谓香花和毒草，各个阶级、阶层和社会集团也有各自的看法。"[3]所以，毛泽东在提出"双百"方针的同时，又提出判

---

[1]《毛泽东文集》第7卷，人民出版社1999年版，第229页。
[2]《毛泽东文集》第7卷，人民出版社1999年版，第232—233页。
[3]《毛泽东文集》第7卷，人民出版社1999年版，第233页。

断我们的言论和行动是非的六条标准,其中最重要的就是社会主义道路和党的领导这两条。在今天,六条标准,特别是坚持社会主义道路和坚持党的领导这两条,仍然是判断我们言论和行动的标准。可是,在一个时期,六条标准成为一些人集中攻击的目标,说它们会扼杀学术理论的发展,束缚人们的思想等等。这正是自由化的观点,需要加以澄清。1960年10月,毛泽东会见斯诺。斯诺说,西方报纸有许多说法,说"双百"方针政策在1957年开始执行时,是因为你们认为党的威信已经很巩固了,不会有什么反对的人,但运动开展后,很快就发现有许多人反对你们,因此你们就把这个运动停止了。毛泽东说:"你说的一部分对,一部分不对。你说我们停止'百花齐放',我们并未停止。我们主张社会主义内的'百花齐放',一开始就是这样提的,不是说社会主义、资本主义都可以放。"[1]毛泽东在这里是说得很清楚的。

在讲意识形态问题的时候,不能回避毛泽东的错误。50年代毛泽东对电影《武训传》和《红楼梦研究》的批判,有其积极的一面,例如,对宣传历史唯物主义起了好的作用。但是这种批判,在做法上,已经有把学术文化问题当作政治斗争并加以尖锐化的倾向,从而混淆两类不同性质的矛盾,这一倾向到60年代更为严重了。在1964年前后,他把建国

---

[1]《毛泽东年谱(1949—1976)》第4卷,中央文献出版社2013年版,第470—471页。

以来我党领导下的文学、艺术、戏剧、电影、美术等方面的工作成绩几乎全盘否定,对一些无害的,甚至是优秀的作品以及文艺界的一些代表人物,进行了错误的批判,使文化界人人自危。这种批判后来又扩大到哲学、经济学、历史学、教育学等各个学术领域,在这些领域也形成草木皆兵的气氛。这些都是完全错误的,一定要避免重演,这是毫无疑义的。但是,吸取过去的教训是为了让马克思主义合理地占领思想阵地,而不是要走向另一个极端,放弃思想阵地,对意识形态的工作放任不管,纵容真正的资产阶级腐朽思想自由泛滥。我们应当把毛泽东对意识形态工作和思想政治工作的重视作为工作的前提,明确承认意识形态战线的斗争是党的总任务的不可缺少的重要方面,把他关于意识形态问题论述中一切对的、好的、合理的东西吸收下来,剔除其错误的部分,用以指导我们今天这方面的工作。

四、关于社会主义社会的阶级斗争问题

社会主义社会里还有没有阶级斗争?阶级斗争在社会主义社会里状况怎样?它在社会主义社会的诸矛盾中占有什么地位?阶级分析的方法还灵不灵?这些都涉及马列主义的重大理论问题,涉及社会主义的重大实践问题。毛泽东在我国社会主义改造基本完成以后,几乎用主要的精力,根据中国的实践,

并借鉴其他社会主义国家的经验，对这个问题进行了长期的探索，在探索过程中走过曲折的道路。他在这个问题上，既有重要的贡献，给我们留下了宝贵的理论财富；又有严重的失误，导致人为的阶级斗争，以至发动"文化大革命"，给国家带来灾难性的后果。这是一个非常复杂的问题。我们应当采取科学的态度加以冷静的分析，既要对其中错误的东西引为鉴戒，避免重犯过去的错误，又要从中吸收有益的东西，作为指导我们前进的思想武器。

毛泽东研究了社会主义改造完成以后中国社会的状况，认为社会主义社会仍然存在着阶级和阶级斗争；这个斗争的内容主要是两条道路的斗争，即走社会主义道路还是走资本主义道路的斗争；这个斗争是长期的；在社会主义社会仍然存在资本主义复辟的危险性。他指出，要好好地认识这个问题，研究这个问题，要提高警惕，不然的话，我们这个国家还是会走向反面，即走向资本主义。如果我们麻痹大意，资产阶级就会夺取政权，搞资本主义复辟。他特别强调要教育青年。他说："现在我们的年轻人，革命时才多大，现在的大学生，那时也不过七八岁，不知道过去的困难，没有经过阶级斗争的锻炼，要靠老一辈的人把过去的经历告诉他们，对他们进行教育。"[1]在经历了去年我国发生的政治动乱和一些社会主义国家发生动荡

---

[1] 毛泽东会见巴西的共产党代表团时的谈话，1963年4月17日。

之后,再来重温毛泽东的这些话,感到十分亲切。由于资本主义制度在世界大部分范围内居于统治地位,在一个长时期内这种情况还不会改变,新生的社会主义制度比较弱小,因此,防止国内外敌对势力实行资本主义复辟,不能不是社会主义国家始终不能放松的一项带有根本性的任务。历史的发展已经证明而且还将证明,毛泽东的上述论断是正确的。尽管他在谈论这些问题的时候也使用过一些很不适当的提法,把社会主义社会的阶级斗争扩大化和绝对化,但是我们在纠正这个错误的同时,应当牢牢记住他的深刻的预见。

社会主义国家内部的阶级斗争,总是同国际上的阶级斗争互相联系、互相呼应的。千万不能忽视国际上的阶级斗争对社会主义国家内部的影响。帝国主义的和平演变的战略,就是国际阶级斗争的重要形式。毛泽东在讲国内的阶级斗争的同时,也讲国际上的阶级斗争,常常把这两者并列地提出来。例如他在1958年《工作方法六十条(草案)》里就曾说过:"现在一方面有社会主义世界同帝国主义世界的严重的阶级斗争;另一方面,就我国内部来说,阶级还没有最后消灭,阶级斗争还是存在的。这两点必须充分估计到。"[1]毛泽东提醒人们要充分注意国内和国际上都存在着阶级斗争,这是十分重要的。

毛泽东在社会主义社会阶级问题上的主要错误是:对国内

---

[1]《毛泽东文集》第7卷,人民出版社1999年版,第351页。

阶级斗争的形势估计得过分严重,把阶级斗争扩大化;在剥削阶级作为阶级已经消灭之后,仍然把阶级斗争和两条道路的斗争看作社会主义社会整个历史阶段的主要矛盾,从而提出"以阶级斗争为纲"和"无产阶级专政下继续革命"的错误理论。这些,无疑是应当抛弃的。

党在十一届三中全会以后,批判和纠正了"以阶级斗争为纲"的错误,把党的工作重心转移到经济建设上来,确立了党在新的历史时期的政治路线,并在这一基础上采取一系列内外政策,这是完全正确的,应当毫不动摇地坚持下去。毫无疑问,在新的历史条件下,怎样认识和对待社会主义社会的阶级和阶级斗争,需要更为全面更为周到的研究。但是,由于前几年只批判"以阶级斗争为纲",而不讲或者很少讲阶级斗争,谁一提阶级斗争问题,谁就被认为是搞"以阶级斗争为纲"。更有甚者,连运用阶级分析方法讲中国革命的问题,也有人给扣上"以阶级斗争为纲"的帽子,可见思想混乱到何等程度。在这样的舆论空气下面,一些人阶级斗争观念十分淡薄,甚至丧失了阶级斗争观念,以至于在去年那场动乱中,看不清那是一场严重的阶级斗争,而迷失方向,发生动摇,甚至站错立场。例如,有的人认为,只要政府再让点步,承认由极少数人煽动起来的动乱是爱国民主运动,承认"高自联"合法,事情就可以圆满结束了。他们不懂得,在这样的原则问题上是不能退让的,如果退让,动乱的煽动者必然提出进一步的要求,他们一定步步进逼，最终非叫你把政权让出来不可。这就是阶级斗争的规律，是不以人们的意志或愿望为转移的。中国的动乱和北京的反革命暴乱再一次证明，在社会主义社会，确实还存在着一定范围内的阶级斗争，这种阶级斗争在一定条件下还可以激化为你死我活的阶级搏斗。

阶级斗争观念淡薄的另一表现，就是对和平演变警惕性的丧失，在西方资产阶级思想面前，解除了武装，模糊了两种意识形态之间的界限，甚至于成为西方资产阶级思想的俘虏。

中国的动乱和北京的反革命暴乱还证明了，在社会主义社会坚持无产阶级专政即人民民主专政的必要性。列宁说过，只承认阶级斗争还不是马克思主义者，只有承认阶级斗争又承认无产阶级专政的人，才是马克思主义者。这句话，至今有效。试想一想，如果去年我们不运用人民民主专政的国家机器果断地制止动乱和平息反革命暴乱，人民共和国不就有被推翻的危险吗？政权问题仍然是根本问题，阶级斗争发展到一定程度，这个问题就会突显出来。在社会主义国家，这个问题并没有一劳永逸地解决。弄不好，人民已经获得的政权，还可以通过暴力的形式或者和平演变的形式而丧失。毛泽东在1963年同一个外国代表团谈话时曾说过："取得政权的无产阶级，如不注意，反动派还可以复辟，政权是保不住的。"[1] 现在看，这个

---

[1] 毛泽东会见巴西的共产党代表团时的谈话，1963年4月17日。

话讲得很正确。

我们肯定毛泽东在阶级斗争问题上一些正确的、有远见的深刻思想,并不意味着我们要肯定他的关于社会主义社会阶级斗争的全部观点。在"以阶级斗争为纲"和"无产阶级专政下继续革命"的错误理论指导下所发生的阶级斗争扩大化的事实,给党、国家和人民造成的令人痛心的损失,人们记忆犹新,今后也不允许忘记。在阶级斗争问题上,要实行两条战线的斗争。一方面,应当反对阶级斗争扩大化,反对把阶级斗争看作社会主义社会的主要矛盾从而改变党的十一届三中全会确立的以经济建设为中心的政治路线。另一方面,应当反对阶级斗争熄灭论,应当反对那种认为两条道路斗争谁胜谁负的问题已经完全、彻底解决了的错误观点。

五、关于政治和经济的关系

毛泽东在《工作方法六十条(草案)》中有一段话,可以用来概括他在这个问题上的基本思想。他说:"政治和经济的统一,政治和技术的统一,这是毫无疑义的,年年如此,永远如此。这就是又红又专。将来政治这个名词还是会有的,但是内容变了。不注意思想和政治,成天忙于事务,那会成为迷失方向的经济家和技术家,很危险。思想工作和政治工作,是完成经济工作和技术工作的保证,它们是为经济基础服务的。思想和政治又是统帅，是灵魂。只要我们的思想工作和政治工作稍一放松，经济工作和技术工作就一定会走到邪路上去。"[1]

这些话好久不讲了，尽管可能有个别提法值得研究，但基本观点是符合马克思主义的。

后来林彪歪曲毛泽东关于政治和经济、政治和业务关系的正确论点，提出"突出政治"的口号，说政治可以代替一切，冲击一切，把政治工作绝对化，使党的政治工作走上邪路，严重影响和妨碍了经济工作和其他业务工作，使社会主义建设事业受到严重损害。

但是，在批判了"突出政治"以后，又出现了另一种倾向，就是削弱以至于取消政治工作和思想工作，似乎谁讲加强思想政治工作，谁就是搞极左。这一倾向公开提倡和鼓吹个人主义、个人名利思想，而全心全意为人民服务、雷锋精神等体现共产主义思想的东西成了被嘲弄的对象。于是各种错误思想严重泛滥，资产阶级腐朽思想乘隙而入，党风和社会风气出现一些败坏现象，人们的道德水平也有下降。具有强大推动力的思想政治工作本来是我们社会主义国家的一大政治优势，可惜前几年被丢得差不多了。

十一届三中全会确定以经济建设为中心的政治路线，必须坚定不移地贯彻执行。在社会主义改造完成以后，发展经济建

---

[1]《毛泽东文集》第 7 卷，人民出版社 1999 年版，第 351 页。

设早就应该成为全党和全国人民的中心任务,过去耽搁了二十年时间是错误的,今后决不允许再耽搁。但是"中心"不等于"唯一",丢开政治而"埋头"于经济,经济也搞不上去,而且还会走上邪路。我们既不能搞唯意志论,也不能搞庸俗唯物论。必须发挥政治工作和思想工作的保证和推动作用,这是社会主义公有制体制的必然要求。人是生产力诸要素中最活跃的因素,人的积极性的充分发挥,这本身就是一种巨大的生产力。前几年,不少地方单靠奖金等物质奖励来刺激人们的积极性,效果并不好。奖金越发越多,可是人们的积极性和劳动效率并没有相应提高,有的地方和部门反而下降。有人单纯从物质利益的原则来考虑改善企业管理,以求劳动生产率和经济效率的提高,而忽略了或者根本不谈政治工作和思想教育工作的作用。而他们所讲的物质利益原则又仅仅是个人的、眼前的物质利益,而不是集体的、国家的、长远的物质利益。加上一些人鼓吹"一切向钱看",不仅腐蚀了工人阶级,而且也会把改革引向错误的道路。我们一定要给人民以看得见的物质利益,注意在发展生产的基础上,提高人民的生活水平;同时又要对人民进行思想教育,"提倡以集体利益和个人利益相结合的原则为一切言论行动的标准的社会主义精神"[1]。加强思想政治工作,是发展社会主义经济,改善企业管理不可缺少的内容。

---

[1]《毛泽东文集》第6卷,人民出版社1999年版,第450页。

六、关于维护国家主权和民族尊严

中共中央《关于建国以来党的若干历史问题的决议》指出：毛泽东"晚年仍然警觉地注意维护我国的安全，顶住了社会帝国主义的压力"。这里所说的社会帝国主义，是指当年苏联领导人的大国沙文主义。毛泽东为中华民族的解放和新中国的建立奋斗了大半生，他是新中国的主要缔造者和捍卫者，是中国历史上空前的民族英雄。他有关维护国家主权和民族尊严的实践活动和思想原则是留给我们的一笔重要的思想财富。他一方面顶住了来自国外企图控制我国的任何压力（例如，1958年顶住了当时苏联领导人为了控制我国海岸线而提出搞共同舰队和长波电台的压力）；另一方面又强调必须建立独立的、比较完整的工业体系和国民经济体系，制定了自力更生为主、争取外援为辅的方针。这个方针既是经济方面的又是政治方面的。中国革命实行这个方针，取得了胜利；同样，我们在经济建设上实行这个方针，也取得了举世瞩目的成就。毛泽东说："革命是自主，建设也是自主。当然不是不要国际援助，自力更生为主，国际援助为辅。"[1]

自力更生为主、争取外援为辅这个方针是怎样提出来的

---

[1] 毛泽东会见越南劳动党代表团时的谈话，1963年6月4日。

呢？毛泽东是这样说的：那时候，"因为我们没有经验，在经济建设方面，我们只得照抄苏联，特别是在重工业方面，几乎一切都抄苏联，自己的创造性很少。这在当时是完全必要的，同时又是一个缺点，缺乏创造性，缺乏独立自主的能力。这当然不应当是长久之计。从一九五八年起，我们就确立了自力更生为主、争取外援为辅的方针"[1]。他又说："什么都靠别人，靠不住。自己要有志气，有干劲。外国援助和帮助是可以的，但不能干涉内政。"[2]

现在我国执行对外开放的政策，同毛泽东当年的情况是大不相同了。那么，毛泽东关于自力更生为主、争取外援为辅这一方针还适用不适用呢？肯定地说，仍然适用。

自力更生为主不等于闭关锁国。说到过去的情况，也要作一些分析。那时候，首先是一些国家封锁我们。即使在这种情况下，甚至在"文化大革命"中间，我们还用四十亿美元引进一批国外的先进技术设备，打破多年来西方国家对我国的封锁、禁运局面。后来，随着国际形势的改变，在党的十一届三中全会以后，我们实行了改革开放政策。

对外开放政策是完全正确的，今后还要做得更好。我们希望得到外国的援助，如贷款、提供先进技术等。但是，第一，

---

[1]《毛泽东文集》第 8 卷，人民出版社 1999 年版，第 305 页。
[2] 毛泽东会见胡志明时的谈话，1960 年 8 月 10 日。

如毛泽东所说的，外国的援助和帮助是可以也应当接受的，但不能让外国干涉内政；第二，不能完全依赖外国的援助。从国外贷款，吸收先进技术，归根到底是为了增强我国独立自主、自力更生的能力，而不是相反。

我们国家还比较落后，因而常常受人欺侮，受人压迫，至今还是如此。我们在精神上还承受着很大的压力。早在1958年，毛泽东就说过："中国经济落后，物质基础薄弱，使我们至今还处在一种被动状态，精神上感到还是受束缚，在这方面我们还没有得到解放。"[1]这些话正是反映了中国人民希望早日摆脱贫穷落后面貌，自立于世界民族之林的迫切心情，在这一点上，作为党和国家领导人的毛泽东比别人感受得自然更深刻一些。当然，由此而产生急躁冒进，不顾客观条件急于求成的思想和做法是不对的；但是，自强不息，奋发图强，不甘落后的民族自尊心和爱国心，赶上世界发达国家的志气，是不可或缺的。在这一方面，毛泽东留下的精神财富，我们要继承，要发扬光大。

如上所述，毛泽东对社会主义国家防止和平演变问题，提出了许多正确的思想理论，这些，都具有重要的现实意义。但是，由于主客观条件的限制，他没有很好地解决这个问题，甚至采取了错误的方法，致使党和国家的发展遭到困难和曲折。

---

[1]《毛泽东文集》第7卷，人民出版社1999年版，第350页。

要解决社会主义国家防止和平演变的问题，最根本的还在于大力发展社会生产力，并在这个基础上不断地提高人们的物质和文化生活水平，使社会主义制度的优越性更全面更充分地发挥出来，使它具有强大的吸引力。经过长期的有计划的顽强努力，社会主义国家的经济文化水平赶上以至超过资本主义国家，才能够最终地巩固社会主义国家。这一过程决不可能是风平浪静的，无论在政治、经济、文化或军事领域中，都将持续地进行不同形式的斗争。党的十一届三中全会以来，以邓小平同志为核心的党中央提出的以经济建设为中心，坚持四项基本原则，坚持改革开放的一整套战略思想，亦即邓小平同志关于建设有中国特色的社会主义的思想理论，为发展我国社会主义事业，防止和平演变，指出了一条正确的道路。以江泽民同志为核心的党中央，正领导全国人民坚定不移地沿着这条道路开拓前进，全面地贯彻执行党在现阶段的基本路线。中国大有希望，社会主义事业大有希望。

继承和发扬党的优良传统和作风[*]
——写在中国共产党建党八十周年前夕

中国共产党在八十年的奋斗历程中，创造了伟大的业绩，创立了中国化的马克思主义科学理论，随之也形成了许多优良的传统和作风。这些传统和作风是在长期的艰苦而复杂的革命实践中铸炼出来的。它以马克思主义为核心，同时继承和吸收了几千年来形成的中华民族的优秀文化传统。

中国共产党有哪些优良的传统和作风？

第一，高度重视理论建设。我们党是一个善于进行理论思考和理论创新，勇于探索革命、建设和改革规律的党。十分注意用理论武装和教育干部，这是我们党的一个优点。八十年的历史证明，革命能不能取得胜利，建设能不能得到成功，关键在于有没有正确的理论指导并被全党所掌握。特别是在历史转折时期，这个问题显得更为重要，更为迫切。对于一个党来说，有了正确的理论是成熟的表现。对于每一个党员来说，只

---
[*] 这篇文章发表在 2001 年 6 月 25 日《光明日报》。

有理论上的坚定，才有政治上的坚定。

20世纪30年代末，中国革命处在一个重要的转变时期，这就是从土地革命战争时期向抗日战争时期的转变。就在这个时候，毛泽东做了大量的理论研究工作，写出以《中国革命战争的战略问题》《矛盾论》《实践论》为主要代表的一系列理论著作，从理论和实践的结合上，总结过去革命的经验，作出哲学的概括；同时，又指明在新形势下，如何把中国革命继续推向前进。此时此刻，教育干部，转变干部的旧观念，接受新政策、新策略，成为一个突出的任务摆在全党面前。从内战转到抗战，昨日的敌人成了今天的朋友，红军被改编为国民革命军。当时，在党内，包括党的一些中高级干部，思想上转不过来，很不适应新的形势。党中央和毛泽东及时地做了大量干部教育工作，特别是从理论上加以说明。毛泽东从哲学上论述了主要矛盾以及主要矛盾和非主要矛盾的转化，说明日本帝国主义侵入中国以后，主要矛盾发生了变化，民族矛盾上升为主要矛盾，国内的阶级矛盾降到次要地位。这就从根本上解决了为什么要采取新的政策和新的策略，而不是完全固守过去的那些政策和策略。党的七大确立了毛泽东思想在全党的指导地位，中国革命就在毛泽东思想的旗帜下取得了完全的胜利。

20世纪70年代末，我们党又面临一个新的伟大历史转折，开辟改革开放的新时期。新的时期、新的任务，需要新的理论，需要用这个新的理论重新武装全党。邓小平及时总结历史经验,继承和发展毛泽东思想,提出建设有中国特色社会主义理论,并在全党兴起学习这个理论的热潮,统一全党思想,从而保证了我国的社会主义改革开放和现代化建设的顺利进行,并取得伟大成就。

在世纪之交的今天,我们党又处在一个重要的历史时刻,江泽民同志适时地总结我们党八十年的历史经验,根据当今世界发展的基本趋势,提出"三个代表"重要思想,为我们党的建设提供了新的理论武器,为我们迎接新世纪的新挑战,指出了更为明确的方向。

马克思主义科学理论是党的灵魂。从毛泽东到邓小平,到江泽民,党的三代领导集体,在各个不同的历史时期,始终把思想理论建设放在党的建设的首要地位,始终把干部的理论教育工作抓得很紧。这是提高党的领导水平、执政能力,提高干部队伍的整体素质,能够经受各种风险考验的一项根本措施。

第二,始终坚持实事求是。实事求是,理论联系实际,一切从实际出发,这是我们的思想路线,是党的生命线。实事求是这一思想路线的确立和重新确立,是毛泽东思想和邓小平理论得以创立的思想先导。毛泽东思想,是经过遵义会议,特别是经过延安整风,随着实事求是思想路线在全党的确立而达到成熟并成为全党的指导思想的。邓小平理论,则是在十一届三中全会后,在全党重新确立实事求是的思想路线,而形成和发展成为一个科学的理论体系,成为党的指导思想。

坚持实事求是,就是坚持把马列主义基本原理与中国实际相结合。马列主义基本原理必须坚持,必须要同一切背离、否定马列主义基本原理的倾向进行斗争;另一方面,又要以马列主义为指导,从中国的实际情况出发,解决中国革命和建设的实际问题,在实践中发展马列主义,反对一切主观主义和教条主义。

回顾党的八十年历史,可以看到,确立实事求是的思想路线,并不是很容易的。它是在革命和建设的反复实践中,在同党内的错误倾向进行斗争中,形成和确立的。而在确立了以后,又可能出现背离这一思想路线的情况,这就发生重新确立的问题。综观党的八十年奋斗历程,实事求是思想路线在我们党内占据着主导地位。当这一思想路线受到背离的时候,我们党又能依靠自己的力量把它恢复起来,重新加以确立,因而保证了我们的事业不断取得新胜利。

第三,认真实行群众路线。群众路线这个概念是中国共产党的独特创造。它是马克思主义唯物史观的具体运用,是在长期的、艰难的、尖锐的革命斗争环境中形成和总结出来的。它包含着十分丰富的内容,概括起来就是:一切为了群众,群众的利益高于一切;紧紧依靠群众,相信群众有无穷无尽的力量;密切联系群众,一刻也不脱离群众;在工作中,实行"从群众中来,到群众中去"的工作路线。这里既包括了党的根本宗旨,又包括了党的根本工作路线,又是我们党的世界观。中国共产党领导的革命力量,从小到大,由弱到强,直至取得全国胜利,牢牢地掌握着政权,并在领导国家建设中取得举世瞩目的伟大成就,归根到底,就是靠的群众路线。革命也好,建设也好,改革也好,都是为了人民的利益,为了保障人民享有政治、经济、文化、社会等各方面的权利,不断满足人民日益增长的物质和文化需要;也都是依靠了人民,充分尊重和发挥人民群众的主动性和创造力,把群众的智慧和创造集中起来,变为党的政策,再到群众中加以贯彻实行,变为群众的自觉行动;我们党已经深深扎根于群众之中,同人民群众建立了血肉相连、生死与共的关系。总之,我们党领导的革命、建设和改革,如果没有人民群众的广泛支持和积极参与,就会一事无成。

中国共产党在全国执政、掌握了权力以后,特别是在改革开放和发展社会主义市场经济的条件下,能否继续发扬全心全意为人民服务、与人民群众同呼吸共命运、始终如一地坚持群众路线的优良传统,就成为对党的各级组织、党的所有领导干部的严峻考验。如果严重地脱离了人民群众,甚至损害了人民群众的利益,就会动摇长期执政的基础,甚至有失去执政资格的危险性。

江泽民同志总结党的八十年的历史,提出"三个代表"重要思想。它集中地体现了中国最广大人民的根本利益。江泽民强调指出:加强和改进党的建设,"最终都是为了一个目的,那就是要始终保持党同人民群众的血肉联系，使我们党始终代表最广大人民的根本利益，始终得到全国各族人民的拥护和支持。这是我们贯彻'三个代表'要求、全面加强党的建设的最终落脚点"[1]。

第四，发扬自力更生、艰苦奋斗精神。中国革命是在极端困难和十分险恶的环境中又没有外来援助的情况下，取得胜利的；中国建设是在外受帝国主义封锁和国内一穷二白的基础上开始进行的，以后又克服种种困难和挫折而取得辉煌成就。八十年的历史，特别是二十多年革命战争的历史，磨炼和培养了中国共产党自力更生、艰苦奋斗的优良传统。我们靠自力更生、艰苦奋斗，打出一个新中国，建设一个伟大的社会主义国家，开创了建设有中国特色社会主义的新局面。现在，国家建设越来越发展，人民生活水平越来越提高，全面对外开放的格局已经形成并且日益扩大，中国的发展越来越离不开世界的发展。在这种情况下，还要不要自力更生、艰苦奋斗？还要，而且还要进一步地发扬。中国是一个拥有十二亿多人口的大国，还比较穷，仍属于发展中国家。我们要经过几代人主要依靠自己的力量，坚持不懈地艰苦努力，才能建设成为一个民主文明富强的社会主义现代化国家。自力更生，决不意味着自我封闭，在经济全球化急剧发展的今天这是不可能的。相反，我们

---

[1] 江泽民在江西考察工作时的讲话，2001年6月3日。

要积极参与经济全球化过程，以求自己的发展。为了趋利避害，应对经济全球化给我国带来的不利影响，一定要坚持自力更生的方针，才能使我们在激烈的国际竞争中处于主动地位。现在，我们正全面向小康社会迈进，人民生活水平也大大提高了。但是，艰苦奋斗的作风还要继续保持，特别是对于党的各级领导干部来说。在今天的社会环境中，追求享乐、不思进取等消极思想情绪，在党内一部分干部，包括高中级干部中，有所滋长。拒腐防变的任务，比过去任何时候都更加严峻。当年毛泽东向全党提出的务必继续保持艰苦奋斗作风的告诫，不但没有过时，而且更有现实意义和警示作用。

第五，奉行独立自主原则，坚定地走自己的路。中国共产党是在共产国际的帮助下成立的，在相当长的一段时间里属于共产国际的一个支部，直接接受共产国际的领导和指导，甚至党的一些重要决议都是由共产国际的代表起草的。这在党的初创时期和幼年时期，也是难以避免的。遵义会议以后，情况就不同了。虽然中国共产党仍是共产国际的一个支部，但在实际上，我们党就独立自主地解决中国革命和党内的重大问题。其实，关于中国革命主要由中国共产党自己解决这一思想，在我们党内早已有了，其代表是毛泽东。他在1930年就指出："中国革命斗争的胜利要靠中国同志了解中国情况。"[1]以毛泽东为

---

[1]《毛泽东选集》第1卷，人民出版社1991年第2版，第115页。

核心的党的第一代领导集体，没有照搬俄国十月革命那种城市武装暴动的革命模式，开创了具有中国特色的农村包围城市的革命道路。新中国成立以后，顺应历史的发展，又开创了具有中国特色的社会主义革命道路。党的十一届三中全会以后，邓小平总结历史经验，提出建设有中国特色社会主义，开辟了一条崭新的建设社会主义的道路。

中国的革命、建设和改革的道路，完全是中国人根据自己国家的情况选择的。在这个历史过程中，我们党和国家曾经受到来自外部的巨大压力和严重干扰，包括大国沙文主义和霸权主义。他们软硬兼施，妄图改变中国人民选择的道路，让中国做他们的附庸。我们党顶住压力，排除干扰，不怕鬼，不信邪，不屈服，不怕压，坚持独立自主，矢志不渝地走自己的路。中国共产党代表着和维护着中国最广大人民的利益，就有这个骨气。这是中华民族的骨气，这是近百年来无数仁人志士为了救国救民，图发展，谋强盛，从斗争中锻炼和凝聚出来的一种骨气，业已成为中国共产党的优良传统和作风。正如邓小平所深刻指出的："中国的事情要按照中国的情况来办，要依靠中国人自己的力量来办。独立自主，自力更生，无论过去、现在和将来，都是我们的立足点。中国人民珍惜同其他国家和人民的友谊和合作，更加珍惜自己经过长期奋斗而得来的独立自主权利。任何外国不要指望中国做他们的附庸，不要指望中国会吞下损害我国利益的苦果。"[1]

时代在前进,历史在发展,客观形势在不断地变化。但是,由几代中国共产党人在革命奋斗中形成和总结出来的优良传统和作风不会变,也不应当变。我们应当十分珍惜,把它作为最宝贵的精神财富,结合新形势、新任务的需要,继承和发扬起来,为建设有中国特色社会主义的伟大事业服务。

---

[1]《邓小平文选》第3卷,人民出版社1993年版,第3页。

下苦功夫研究马克思主义*

中国社会科学院马克思主义研究院的成立，是理论界的一件令人振奋、令人欣慰的大事，我热烈祝贺研究院的诞生。

马克思主义是我们党和国家指导思想的理论基础。始终如一地坚持马克思主义，并在坚持之中发展马克思主义，是关系党和国家前途命运、关系中华民族伟大振兴的根本性问题。在思想多元化的今天，各种文化思潮大量涌入，坚持和巩固马克思主义在意识形态领域的指导地位，就显得格外重要。在一个社会主义国家里，一旦失去马克思主义的指导地位将会是怎样一种前景，国际上已经给我们提供了活生生的实例，很值得我们深思和警觉。

要坚持马克思主义，必须深入研究马克思主义，深入研究马克思、恩格斯、列宁等人的著作。这样，我们才能掌握马克

---

* 这是作者 2005 年 12 月 26 日在中国社会科学院马克思主义研究院成立大会上的讲话，发表在《党的文献》2006 年第 1 期、《马克思主义研究》2006 年第 1 期。

思主义的基本立场、观点、方法，用这些观点和方法解决实际问题；才能懂得哪些是属于具有普遍意义的基本原理，哪些是属于针对具体问题而提出的个别原理，哪些是需要根据已经变化了的时间、地点、条件而加以修正的问题。这样，我们才能很好地把马克思主义基本原理与中国实际相结合。不深入研究马克思主义，就谈不上坚持；不深入研究马克思主义，就谈不上发展；不深入研究马克思主义，就谈不上理论创新。

马克思主义是在吸收前人最高思想成果的基础上，经过革命性变革而形成的科学。同时，它又是在同各种错误思想和种种伪科学进行斗争中形成和发展起来的。马克思主义从它诞生的那一天起，就受到非难和打击。但是，马克思主义并没有被骂倒，反而在人们的批评中，在斗争的风雨中锻炼了自己，发展了自己，扩大了自己的影响，成为世界上最有影响力的科学理论。从20世纪80年代以来，世界社会主义处于低潮，马克思主义受到新的挑战、批评和攻击。作为马克思主义理论工作者，我们应当发扬马克思主义的科学精神、批判精神和战斗精神，旗帜鲜明地给以回答和反批评。我们不仅要认真研究马克思主义，更要认真研究各种反马克思主义的东西，做到知己知彼。我们讲批评，决不是"大批判"。"大批判"于事无补，极为有害。批评，就是要讲道理，分析问题，以理服人。要使人们感到你用马克思主义观点对现实生活中提出的问题所作的说明，比其他任何学说更高明。这是一种十分艰苦的科学工作。

我们坚信马克思主义是科学,马克思主义受到挑战和批评,不见得就是坏事,反倒为发展马克思主义提供了机遇。关键在于我们要付出艰辛的劳动。

研究马克思主义必须紧密结合实际。马克思主义最显著的特点就是它的实践性。离开实际研究马克思主义就没有意义。在今天,首要的是结合建设中国特色社会主义的伟大实践,围绕我们今天正在从事的中心工作开展研究。改革开放以来,我们党积累了极为丰富的经验,同时,现实生活中又提出大量新的问题,极需要马克思主义理论工作者加以理论的总结和概括,给予理论上的说明和回答。

马克思主义是随着实践的发展而发展的。它的生命力就在这里。列宁把马克思主义运用到俄国,成功地领导了伟大的十月社会主义革命,建立了第一个社会主义国家,创立了列宁主义。毛泽东把马克思主义运用到中国,取得人民革命的伟大胜利,建立了社会主义的新中国,创立了毛泽东思想。邓小平把马克思主义运用到当代中国,开辟了一条中国特色社会主义的建设道路,创立了邓小平理论。江泽民运用马克思主义解决并系统回答了中国特色社会主义新阶段提出的一系列问题,提出"三个代表"重要思想。从列宁到毛泽东,到邓小平,再到党的第三代中央领导集体,他们都在完成一定的历史任务之中发展了马克思主义。我们不仅要认真研究马克思主义基本原理,还要认真研究中国化的马克思主义,即中国共产党的三大理论成果，还要认真研究十六大以来我们党在理论创新方面所取得的新的理论成果。

今天的时代，同马克思的时代、同列宁的时代相比都发生了很大变化。资本主义发生了一些变化，社会主义也发生了一些变化。现实中出现了许多新的现象，提出了许多新的问题，对这些现象和问题需要加以认真研究，需要用马克思主义理论加以解释和说明。这也为发展马克思主义提供了机遇。

马克思主义研究院肩负的使命是光荣的。我们相信，在中国社会科学院的领导下，研究院在马克思主义研究领域，一定会造就很多的优秀人才，产出很多高水平的研究成果。

保持共产党员的先进性　做合格的先锋战士*
——关于理想、信念和经受考验问题

一

中国共产党自成立之日起，就以一个先进的、崭新的政党的姿态，登上中国的政治舞台。它带领中国人民胜利地走过了革命、建设、改革八十多年的光辉历程。八十多年来，党始终以先进性建设作为自身建设的根本任务，使自己一直保持着生气勃勃、奋发向上的朝气。

中国共产党之所以成为先进的政党，在于它能够把握社会发展的客观规律，代表和反映人民的意志和时代的要求，始终站在时代的前列，推动社会历史的进步，造福于最广大的人民群众。

中国共产党的先进性是从哪里来的？首先，它是工人阶级的政党。第二，它是以最先进的科学理论——马克思主义武装

---

* 这是作者向 2006 年 5 月 9 日至 10 日中央保持共产党员先进性教育活动领导小组和全国党建研究会召开的"全国保持共产党员先进性教育活动与党的先进性建设理论研讨会"提交的论文。作者在会上以此作了发言。

起来的。第三,它是由工人阶级中和全民族中最优秀、最有觉悟的先进分子组成的。第四,它是按照民主集中制的原则组织起来的,富于组织性、纪律性和战斗性。

二

共产党是由党员组成的。党的先进性,归根到底要通过广大党员的实践先进性来体现。

那么,共产党员的先进性表现在哪里?怎样才算保持了共产党员的先进性?胡锦涛同志在2005年1月14日的专题报告会上,完整地回答了这个问题。这就是他讲的六条:(一)坚持理想信念,坚定不移地为建设中国特色社会主义而奋斗。(二)坚持勤奋学习,扎扎实实地提高实践"三个代表"重要思想的本领。(三)坚持党的根本宗旨,始终不渝地做到立党为公、执政为民。(四)坚持勤奋工作,兢兢业业地创造一流的工作业绩。(五)坚持遵守党的纪律,身体力行地维护党的团结统一。(六)坚持"两个务必",永葆共产党人的政治本色。这六条,应当是党员体现先进性的核心内容和根本要求。

中国特色社会主义建设取得的伟大成就,是全党同志同广大人民群众共同奋斗的结果。事实证明,我们党的队伍是好的,党员的绝大多数在新形势下保持了先进性。但是,无须讳言,现在有一些党员,有的还是老党员,对共产主义理想和中国特色社会主义的信念并不坚定，甚至怀疑，甚至不相信；对全心全意为人民服务、个人利益服从党和人民的利益、吃苦在前享受在后等共产主义的人生观、价值观，树立得不牢固，甚至怀疑；有的人信奉的是西方资产阶级"民主、自由"那一套；有的只知道金钱，只知道享乐，奉行拜金主义、享乐主义；更有些人迷信天命，烧香拜佛、算卦、看风水；如此等等。这种种表现，说到底，都是反映了对党的理想信念的动摇和背弃。对于一个党员来说，对理想信念的动摇，是最危险的动摇。

三

坚持理想信念，是共产党员先进性的首要标准。做一个党员，首先要有共产主义的理想和建设中国特色社会主义的信念，心中始终怀着这样的理想信念，并为它奋斗。这是我们党团结统一的思想基础，是凝聚几千万党员进而团结和动员最广大人民群众的精神力量。

共产主义社会是人类历史发展的最高阶段。人类历史上很早就出现过类似社会主义的思想萌芽，向往一个没有剥削、没有压迫、人人平等的理想社会。到19世纪初，在欧洲，在无产阶级和资产阶级的斗争日益采取公开形式而尚未激化的时期，出现了空想社会主义。马克思、恩格斯对人类社会特别是资本主义社会进行研究和解剖，发现了它的客观发展规律，并吸取了空想社会主义的一些思想材料，把社会主义从空想发展成为科学。马克思主义的科学社会主义通过俄国十月革命的成功和苏联建设社会主义的伟大成就，得到了证明。社会主义制度使一个落后的俄国变成欧洲第一强国和世界第二强国。后来，作为东方大国的中国，在马克思主义指导下，建成了又一个伟大的社会主义国家。全世界兴起了一个社会主义高潮。

有人会说，苏联不是解体了吗？它的社会主义制度已经不存在了嘛。苏联解体有多种复杂的原因，国际的国内的，党内的党外的，政治的经济的，主观的客观的，等等。它的解体决不是社会主义的失败，恰恰相反，是由于对社会主义本质认识上的错误，墨守成规，不能与时俱进，使一个生机勃勃的社会主义变成一种僵化的模式。苏联的解体更不能证明马克思主义不灵了。恰恰相反，这是苏共及其领导人背弃了马克思主义。苏联的解体决不是偶然的。苏联解体、东欧剧变的教训是惨痛的，我们可以而且必须从中吸取许多的教训，把我们的党建得更坚强、更先进，把我们的社会主义国家建设得更强大、更有吸引力。

有人看到当今世界资本主义发达国家国力还在增长，社会主义运动处于低潮，觉得共产主义十分渺茫，对共产主义的理想发生动摇。但是按照共产党员先进性的要求看，这是不应当有的。

我们说，共产主义是我们的远大目标。究竟多远，马克思、恩格斯、列宁都没有说过，因为他们不是算命先生，而只能根据实践。毛泽东认为实现共产主义需要一百年甚至更长的时间（当时党内就议论：怎么那么长呀！），并且首次提出社会主义初级阶段的观点。邓小平根据世界发展的新情况，总结国际共产主义运动的经验，特别是中国建设社会主义的经验，提出巩固和发展社会主义制度，需要几代人、十几代人，甚至几十代人坚持不懈地努力奋斗。是不是因为对共产主义到来的时间估计很长，就成为动摇共产主义理想的理由呢？当然不是。这样的估计更接近社会主义发展的历史实际，反倒更科学了。邓小平在作出这种估计的同时，乐观地指出："我坚信，世界上赞成马克思主义的人会多起来的，因为马克思主义是科学。它运用历史唯物主义揭示了人类社会发展的规律。封建社会代替奴隶社会，资本主义代替封建主义，社会主义经历一个长过程发展后必然代替资本主义。这是社会历史发展不可逆转的总趋势，但道路是曲折的。"[1]这些话，表达了一位老共产党员对社会主义、共产主义理想不可动摇的信念。

　　毛泽东在20世纪40年代提出中国共产党关于社会制度的主张，即党的最高纲领（实现社会主义社会和共产主义社会）和最低纲领（实现新民主主义社会），科学地解决了当前的奋斗目标同将来的最高理想之间的辩证关系，武装了几代共产党人的头脑。到了社会主义改革开放的新时期，我们党提出为建

---

[1]《邓小平文选》第3卷，人民出版社1993年版，第382—383页。

设中国特色社会主义而奋斗的纲领,使我们党处理当前奋斗目标与将来的最高理想的问题,建立在更科学、更接近实际的基础上。这就是说,中国现在处于社会主义初级阶段,这个阶段的社会主义是一个不完全成熟的社会主义,中国共产党人要从国情出发开辟一条建设中国特色社会主义的新道路。这个阶段大约要一百年的时间。然后再经过十几代、几十代人的艰苦努力达到社会主义制度的巩固和发展,最后实现共产主义。而在社会主义初级阶段,又分几个具体的阶段,每一阶段都有具体的奋斗目标,比如,当前的直接奋斗目标就是全面建设小康社会。我们每实现一个历史阶段的具体奋斗目标,都是向着共产主义的最高理想的方向发展,是为实现最高理想准备物质的、精神的、社会的等等各方面的条件。这个过程不可能是笔直的,而是要经历一条漫长的、曲折的、迂回的道路。社会主义是一个崭新而又年轻的社会形态,不可能在短的历史时期内就建设得很健全很成熟。即使这样,不论在过去的苏联还是现在的中国,社会主义基本制度都发挥过或者正在发挥着其超越资本主义的优越性。

我们每个共产党员,都要把远大理想同现阶段的奋斗目标联系起来。只要远大理想,而不脚踏实地、义无反顾地干中国特色社会主义事业,理想就是空洞的;反之,只为现阶段的目标奋斗,而忘记了远大理想,就会迷失方向。在我们每一个党员的心目中,都要悬着为当前的中国特色社会主义事业而奋斗和为将来实现一个巩固和发展的社会主义和最高理想共产主义而奋斗这样两个目标。这一切，归根到底，都是为了在中国建设一个最美好的社会，都是为了实现全中国人民以至整个中华民族的根本利益。我们共产党员都要有这样的胸怀和抱负。

四

当前，进行理想信念教育中遇到一些问题，就是现实生活中有些现象使一些人感到困惑。主要有两个问题：一是私营企业迅猛发展，中国会不会走上私有化的道路、公有制的主体地位能不能保持住的疑问就发生了。二是分配格局出现了新情况，各阶层之间、部分社会群体之间的收入差距拉大了，怎么实现全体人民的共同富裕、怎么体现社会主义本质特征的疑问也就发生了。而公有制为主体和共同富裕是邓小平反复强调的建设中国特色社会主义的两个根本原则，任何时候都不能动摇。

应当看到，这两个问题都是在中国经济迅速发展过程中出现的。我国经济的快速健康持续发展，极大地增强了我们的综合国力，人民生活水平普遍得到提高，国防建设和各种社会事业有了更大的财力支持。多种经济成分，包括私营企业的发展，在这方面发挥了重要作用，是经济发展的重要力量。这些，大家都是清楚的。大家担心的是，这样发展下去中国会不会走上私有化的道路。我认为，只要坚持公有制为主体不动摇，中国就不会私有化。公有制为主，是上了宪法、载入了党章的。中央主要领导人，从邓小平同志、江泽民同志到胡锦涛同志，都明确指出了这一点，都强调必须坚定不移地加以坚持。党中央的重要文献也都郑重地表明了这一点。谁都知道，动摇公有制为主体的地位，就动摇了社会主义的根本制度，共产党也就失去了执政的物质基础，中国广大人民群众是不赞成的。

关于分配问题，党中央已经和正在加强调查研究，推出了许多重要政策和措施，包括西部大开发、振兴东北老工业基地、加大支持"三农"和扶贫工作力度、建立和完善社会保障体系等等，特别是胡锦涛同志提出科学发展观和统筹六个方面的关系等重大战略方针，并进而提出建立社会主义和谐社会的理念。所有这一切，都是努力向着解决分配不公、贫富差距拉大问题的方向推进。今后党中央还会继续出台一些政策措施，包括借鉴外国一些有益的经验，来解决这个重大社会问题。这个问题的症结在哪里呢？恐怕是如何正确处理效率与公平的关系问题，能否在这两者之间找到一个合理的结合点：既有利于提高效率，又能保持公平（不是平均）。对此，十六届五中全会明确提出，"更加注重社会公平，加大调节收入分配的力度，努力缓解地区之间和部分社会成员收入分配差距扩大的趋势"。

鼓励并正确引导私有经济的发展和妥善处理社会分配问

题，都同中国特色社会主义的发展前途、同坚持共产主义远大理想直接相关。只要坚持党的基本理论、基本路线不动摇，中国就能沿着社会主义道路前进。邓小平晚年的一个重要的政治遗嘱，就是要坚持党的基本路线不动摇。他最担心的就是基本路线在不知不觉之中被改变了。他指出："要坚持党的十一届三中全会以来的路线、方针、政策，关键是坚持'一个中心、两个基本点'。不坚持社会主义，不改革开放，不发展经济，不改善人民生活，只能是死路一条。"[1]江泽民同志也鲜明地提出："各级领导干部一定要努力提高政治素质，在原则问题上一定要旗帜鲜明。要注意分清一些基本界限。比如马克思主义同反马克思主义的界限，社会主义公有制为主体、多种经济成分共同发展同私有化的界限，社会主义民主同西方议会民主的界限，辩证唯物主义同唯心主义形而上学的界限，社会主义思想同封建主义、资本主义腐朽思想的界限，学习西方先进东西同崇洋媚外的界限，文明健康生活方式同消极颓废生活方式的界限，等等。"[2]这些话，都明白无误向人们宣示：中国特色社会主义就是要坚持社会主义道路，不能搞私有化，不能走资本主义道路，否则就是死路一条，我们党也就不叫共产党。

---

[1]《邓小平文选》第3卷，人民出版社1993年版，第370页。

[2]《毛泽东、邓小平、江泽民论党的建设》，中央文献出版社、中共中央党校出版社1998年版，第686—687页。

五

当今世界正处在大变化的时代,出现了许多过去人们连想都想不到的问题。在国内,在党内,也出现了许多新的情况、新的变化。中国共产党面临着许多考验,每个党员也面临许多考验。能不能经受住考验,归根到底在于有没有坚定的理想信念;同时,这又是衡量党员先进性的具体标准。

我们党和每个党员,至少面临以下几种考验。

第一,要经受长期执政条件下的考验。一方面的考验是:会不会执政,能不能随着历史前进的步伐不断提高执政能力和水平。应当肯定,我们党会执政,有执政能力,而且干得很好。但形势在发展,情况在变化,新情况、新问题层出不穷。这就发生一个适应不适应的问题。如果完全按照过去的老办法、老观念去办事情,不去开拓创新,不去更新旧观念,就要落后。所以中央特别强调,要与时俱进,要开拓创新,提出进一步提高执政能力的任务。另一方面的考验是:能不能正确使用权力。关键是怎么看待手中掌握的权力。有些人就在这个问题上过不了关,栽了跟头。党内有些干部,包括一些高级干部,滥用党和人民给他的权力,少数人最后走上犯罪的道路。以权谋私、权钱交易、买官卖官等种种腐败现象,从个人的主观原因来说,根子就在于利欲熏心、不能正确对待权力,什么理想信念、党的根本宗旨、人民的利益等等,早都抛到九霄云外了。执政后还有一个考验,就是怎样对待群众。共产党是依靠群众取得执政地位的,如果长期脱离群众,也会丧失执政地位,这是有史可鉴的。

第二,要经受在社会主义市场条件下的考验。一方面的考验是:能不能正确认识和接受社会主义市场经济这个新鲜事物,有没有驾驭社会主义市场经济的能力。我们党推动创造的社会主义市场经济体制是一种先进的经济体制,是我国发展经济的必由之路。这一点,已经得到证明。对这个问题尽管还有这样那样的不同认识,但就全党来说,已基本达成共识。我们党在驾驭社会主义市场经济能力方面,取得了重要成绩,积累了丰富经验。另一方面的考验是:能否正确认识和有效地抵制、克服市场经济带来的消极影响。社会主义市场经济对中国社会,包括经济、政治、文化、意识形态、人们的观念、生活方式以至人与人之间的关系,都带来了深刻而广泛的影响和变化。积极的影响是主要的,但对它的消极影响不可忽视。市场经济竞争激烈,受经济利益驱动,社会上出现一些不合理的现象,滋长拜金主义、享乐主义、极端个人主义的土壤大为增加,物质利益对人们的诱惑力愈来愈大。一些意志薄弱者,一些缺乏理想信念的共产党员,在这样的社会环境中,很容易倒下去。江泽民同志说得非常好:"共产党员要用党性来保证和促进这个新体制的建立,同时要用党性来抵制市场活动中的消极因素,使这一新的经济体制服务于建设有中国特色社会主义的根本目标。要坚决防止权力商品化,坚决防止把等价交换原则引入党和国家的政治生活。"[1]这就是说,在发展社会主义市场经济的条件下,一定要保持共产党员的先进性与纯洁性。

第三,要经受对外开放条件下的考验。一方面的考验是:赞不赞成对外开放,怕不怕对外开放,会不会对外开放。另一方面的考验是:能不能抗拒和抵制对外开放后进入我国的那些资本主义腐朽的东西;能不能抗拒和抵制西方敌对势力借我对外开放之机实行西化、分化的图谋。这是一个严重的问题。邓小平在改革开放初期就指出来了。他说,如果说对外开放有风险,这是最大的风险。实行全方位的对外开放之后,特别是我国加入了世界贸易组织后,随着引进了许多先进的、健康的、有益于我的东西,西方资本主义世界的价值观,资产阶级的哲学、经济学、政治学等理论,资本主义腐朽的生活方式和思想观念也潮水般地大量涌入,严重地影响着人们的思想,腐蚀了许多人。当前意识形态出现的一些新情况和尖锐的矛盾,有深刻的国内原因,但同西方资产阶级意识形态大量渗透有直接关系。我们共产党员,特别是做党的工作和做意识形态工作的党员,一定要加强马克思主义的学习,提高辨别能力,增强对有害的、腐朽的东西的抵御能力。

---

[1]《毛泽东、邓小平、江泽民论党的建设》,中央文献出版社、中共中央党校出版社1998年版,第590—591页。

第四,要经受应对突发事件或国际大变动的考验。在这种关键时刻,最能考验出一个党员有没有坚定的理想信念,有没有坚强的党性和政治立场,有没有辨别大是大非的判断能力,有没有中流砥柱的大无畏精神。今天,从总的形势看,在国内,经济发展,社会稳定,民族团结,人民安居乐业。在国际上,和平与发展仍是时代主题,发生的战争基本上都是局部的。但是,要看到我们还面临许多矛盾、困难和问题。我们要居安思危,准备经受更多的考验,做到有备无患,使自己处于主动地位。

六

共产党员经受考验的过程,也是展示先进性和锤炼保持先进性能力的过程。能否经受住考验并在考验中不断进步,关键在自己,而不在职位高低,也不在客观条件如何。

怎样才能经受住考验?

第一,加强学习。学习马克思主义理论,学习党的路线、方针、政策,学习时事,学习各种新知识。通过学习,获得正确的世界观、人生观、价值观,明确前进的方向,增强辨别是非和拒腐防变的能力。越是面临考验的时候越要加强学习。通过学习,开阔眼界,增长知识,消解困惑以适应形势发展的要求。要学以致用,坚持理论联系实际的学习方法,反对教条主义的学习方法，把学习同个人的自我修养结合起来，同自己的工作实际结合起来。

第二，加强党内生活的锻炼，活跃党内的民主生活，自觉地把自己置于党组织的教育和监督之下，从中获得不断进步的智慧和力量。正确地开展批评与自我批评，是实行党内监督的有效方法，对于保持党的生机与活力，防止消极现象对党的腐蚀，有着不可替代的作用。一个人犯了错误，如能及时对他进行批评，给以纠正，就不至于由小错误发展到大错误以至达到不可挽救的地步。每一个党员都在一个组织内过组织生活，没有什么特殊党员。每一个人的进步都离不开组织的帮助和监督。长期脱离组织生活或者党内生活不正常，会影响乃至损害党员的进步。

第三，全身心地投入到建设中国特色社会主义的火热斗争中。具体说来，在今天就是全身心地投入到全面建设小康社会，落实"十一五"规划的实践中，在各自的工作岗位上，勤奋工作，兢兢业业地创造一流的工作业绩，永不懈怠，永不自满。这是衡量一个党员是否具有先进性、能否经得起考验的最实际和最主要的东西。同时，这又是保持共产党员先进性、增强抵御各种风险能力的最有效的也是最主要的途径。

"五四"感言*

五四运动到今天整整九十年了。回顾这段历史，总结这段历史，可以得到许多启示。对这段历史怎么看？对五四运动怎么看？站在不同的立场，用不同的角度，可以有不同的甚至是截然相反的评价和解释。我认为，还是应当用历史唯物主义的科学思想，以实践是检验真理的唯一标准的观点，来观察和总结这段历史。

五四运动是中国近代历史上具有转折意义的大事件，它给中国人民带来了曙光，带来了希望。过了两年，中国共产党诞生了。五四运动以来的九十年，概括起来，可以说是马克思主义在同各种非马克思主义、反马克思主义的斗争中不断丰富发展的历史；是中国共产党在同各种反动势力、错误思潮、错误倾向进行斗争中不断发展和壮大的历史；是我们国家从半殖民

---

* 这是作者2009年4月28日在北京大学召开的"纪念五四运动九十周年暨李大钊先生诞辰一百二十周年"理论研讨会上的致辞，发表在《中共党史资料》2009年第2期。

地半封建黑暗社会走向繁荣富强的社会主义社会的历史。

五四运动后不久,这些斗争就相继开展起来了。首先,是"问题与主义"的争论。马克思主义者同以胡适为代表的反对马克思主义而主张全盘西化的力量进行斗争。以李大钊为代表的马克思主义者取得胜利,马克思主义不仅在中国站住了脚,而且扩大了影响。

紧接着,是关于社会主义是否适合中国、解决中国的根本问题是实行社会革命还是社会改良的争论。在这场争论中,以李大钊为代表的马克思主义者取得了又一个胜利,肯定资本主义道路在中国是走不通的,必须坚持社会主义方向;解决中国的根本问题只能经过革命,改良是办不到的。经过这次争论,马克思主义在中国的影响进一步扩大。

但是,在半殖民地半封建的中国,能不能直接进行社会主义革命?这个问题又提到中国的马克思主义者面前,提到中国共产党人面前。经过革命实践和理论探讨,克服了右的和"左"的错误主张,最终得出结论,在中国,不能直接进行社会主义革命,必须分两步走。第一步,完成资产阶级民主革命,然后再前进一步,实行社会主义革命。革命的方式不是俄国式的通过城市暴动取得政权,而是经过长期的武装斗争,以农村包围城市的方式取得政权。中国共产党以毛泽东为代表,从中国的实际情况出发,创造性地运用马克思主义基本原理,经过艰苦的探索,形成了马克思主义中国化的第一个理论成果——毛泽东思想,开创了新民主主义革命道路。

新民主主义革命胜利以后,这第二步即社会主义革命怎样进行?又一个问题提出来了。苏联和其他一些社会主义国家通常的做法是,一举消灭资产阶级,完成社会主义革命。中国共产党打破了这个常规,另辟蹊径,采取了和平的、渐进的即逐步过渡的方法,顺利实现社会主义革命,确立了社会主义根本制度。

完成社会主义革命之后,解决怎样建设社会主义的问题成为关系社会主义事业兴衰成败的头等问题。这个问题从书本上找不到现成答案,照抄照搬外国经验迟早是要坏事的,只能在马克思主义指导下,从中国的实际出发,靠自己来探索。既然是探索,失误和失败是不可避免的。我们有成功的经验,有失败的经验,加上中共十一届三中全会以来新的实践经验,根据新的历史条件,加以总结,逐步形成马克思主义中国化的第二个理论成果——邓小平理论,发展了毛泽东思想,开创了中国特色社会主义道路。邓小平理论,概括起来说就是"一个中心,两个基本点"。这是这个理论的核心、灵魂,被确定为党的基本路线。在邓小平理论的基础上,我们党又相继提出"三个代表"重要思想和科学发展观等一系列战略思想,发展成为中国特色社会主义理论体系。

沿着五四运动以来九十年的历史线索走过来,我们深刻地感受到五四运动的伟大意义。这九十年间,中国从衰败到振兴，从黑暗到光明，从四分五裂到实现巩固的统一，充满了斗争，充满了曲折，终于建成一个伟大的社会主义国家，取得了举世瞩目的辉煌成就，一跃而成为世界第三大经济体。这完全应当归功于马克思主义的指导，归功于坚持社会主义的方向，归功于中国共产党的领导。而这一切，都发端于五四运动。我们在纪念五四运动的时候，不能不追思中国马克思主义者的先驱、中国共产党的创始人之一李大钊，他为中国人民建立的功勋是不可磨灭的。我们一定要继承五四运动的民主和科学的精神，也一定要继承五四运动的革命的爱国主义的精神，珍惜中国马克思主义者的先驱们留给我们的理论财富、精神财富。什么"告别革命论"、"全盘西化论"、民主社会主义、新自由主义等等，都被实践证明不适合中国国情，是脱离中国实际的幻想。

我们今天纪念五四运动，就是要坚持"一个中心、两个基本点"党的基本路线不动摇，矢志不渝地沿着中国特色社会主义道路奋勇前进！

我党加强理论学习的优良传统及重要启示[*]

中国共产党在近九十年的奋斗历程中，所以能够取得革命、建设和改革的伟大胜利，原因很多，其中一个重要原因，就是特别重视和加强马克思主义的理论学习，用理论教育和武装干部。党的十七届四中全会提出，要把建设马克思主义学习型政党，提高全党的思想理论水平，作为重大而紧迫的战略任务，是非常重要的。

在党的建设中，我们党历来把思想建设放到第一位，而加强马克思主义的理论学习又是思想建设的中心一环。大家都熟悉列宁讲过的一句话："没有革命的理论，就没有革命的运动。"[1]毛泽东也说过："革命如不提高革命理论，革命胜利是不可能的。"[2]可见加强理论学习，提高理论水平，多么重要。

---

[*] 这是作者2009年11月12日在人民解放军某部机关师以上领导干部学习会上作的报告，发表在《中华魂》2010年第1期。

[1]《列宁全集》第2卷，人民出版社1984年版，第23页。

[2]《毛泽东年谱（1893—1949）》修订本中卷，中央文献出版社2013年版，第194页。

搞革命是这样,搞建设,搞改革开放,同样是这样。

理论,是管大方向的,管世界观、方法论的,是反映事物的本质,反映事物规律性的东西。对我们每一个共产党员来说,只有掌握正确的理论,才能有明确的奋斗方向和远大理想,站得高,看得远;才能形成全党的统一意志,形成全党的凝聚力和战斗力;才能深刻理解党的政策和策略;才能在工作中提高自觉性、主动性和创造性。

加强理论学习,用马克思主义理论武装头脑,是我们党的一大优势,一个优良传统。回顾一下我们党的历史经验,可以得到许多重要启示。

中国共产党是1921年成立的,那时马克思主义传入中国还没有几年,总的来说,理论准备是不足的。而共产党一成立就立即投入到紧张的革命斗争中,没有时间从容地对干部进行系统的理论教育。毛泽东深深地感到这个问题的严重性。他曾多次说过,我们党的斗争经验非常丰富,但是理论水平很低,亟须加强。一直到党中央到了延安,才获得一个比较安定的环境,可以比较从容地系统地对干部进行理论教育。

一到延安,毛泽东就如饥似渴地研读马列主义著作,总结历史经验,紧密结合中国实际,进行理论创作,同时亲自抓干部理论教育。从毛泽东的著作可以看出,到延安以后,其理论水平有一个显著的提高。

1937年七八月间,毛泽东在延安写了一本重要哲学著作

《辩证法唯物论(讲授提纲)》,到抗大作了讲演。《实践论》《矛盾论》是其中最主要的两个部分。毛泽东为什么在这个时候,作这篇讲演呢?这个时候,中国革命正处在一个重要的转变时刻,即从十年内战到抗日战争的转变,需要从理论上,从哲学的高度,总结十年内战时期的经验教训,批判内战时期"左"倾教条主义的错误,用马克思主义理论教育干部,以迎接新的历史时期的新任务。其中《矛盾论》关于主要矛盾的论述,论证了中国革命从十年内战到抗日战争中国社会主要矛盾的变化,从理论上解决了当时干部中普遍存在的一个思想障碍:为什么要联蒋抗日、组成广泛的抗日民族统一战线,为什么过去的敌人成了今天的同盟者?

1938年夏秋,在毛泽东的倡议下,在延安成立了一个学习理论的组织,叫新哲学会,主要是学哲学。参加者有高级干部如陈云等,也有理论工作者如艾思奇、何思敬等,毛泽东任组长。每周定期开会,集体研究哲学问题。一直办到1943年,共办了五年。1940年6月,毛泽东在新哲学会第一届年会上说:"今天开这个会,我心里很高兴。回想前年开新哲学会成立会的那一天到现在,已两年了,工作有了成绩。今年开过了这个年会之后,一定会更好。理论这件事是很重要的,中国革命有了许多年,但理论活动仍很落后,这是大缺憾。要知道革命如不提高革命理论,革命胜利是不可能的。过去我们注意的太不够，今后应加紧理论研究。"[1]

1942年开始的全党整风，是我们党的一次空前的马克思主义理论教育运动。为什么要开展这样一个教育运动呢？当时，党内有三种不正之风阻碍革命事业发展，即主观主义、宗派主义和党八股。这三样东西，主要是思想方法问题，归根到底就是理论脱离实际，就是教条主义。所以，延安整风前后的理论学习主要是学哲学，学辩证唯物主义的思想方法。

为了给全党整风作准备，首先要提高高级干部的理论水平和政治水平，着重解决思想方法问题。为此，1941年9月，中央决定成立中央学习组和高级学习组，参加学习的都是高级干部，包括中央委员。毛泽东为中央学习组组长。规定学习的方针，就是以理论与实践相联系为目的。在理论学习方面，以研究思想方法为主，要求学四本书，有列宁的《"左"派幼稚病》，还有《新哲学大纲》、《辩证法唯物论教程》，何上肇的《经济学大纲》序言，都是哲学方面的。后来，根据毛泽东的意见，专门编了一本马克思、恩格斯、列宁、斯大林《论思想方法》，成为我们党一直用来教育干部的一本重要理论书。

1941年10月，毛泽东在西北局高干会议上专门作了一个关于思想方法问题的报告，讲解辩证唯物主义的思想方法，批判教条主义、主观主义。他说："理论、观念、概念、原理、原则，

---

[1]《毛泽东年谱（1893—1949）》修订本中卷，中央文献出版社2013年版，第194页。

都是从实践中来的,这叫做唯物论,这是马克思主义起码的一条。理论正确不正确,要拿到实践中去,'实践是真理标准'。只从书本出发,从主观幻想出发,不从实际出发,不顾现实,这就是教条主义、主观主义。"[1]毛泽东说的"实践是真理标准",就是我们通常说的实践是检验真理的标准,这是当时批判教条主义、主观主义最有力的理论武器。毛泽东这段精彩的话,今天读起来还感到很亲切。

上个世纪80年代,陈云同志结合自己的亲自感受,谈到延安整风时期的理论学习时,曾经这样说过:"延安整风时期,毛泽东同志提倡学习马列著作,特别是学哲学,对于全党的思想提高、认识统一,起了很大的作用。毛泽东同志亲自给我讲过三次要学哲学。""现在我们的干部中很多人不懂哲学,很需要从思想方法、工作方法上提高一步。只有掌握马克思主义哲学,思想上、工作上才能真正提高。"又说:"从遵义会议到抗日战争胜利,毛泽东同志的一个无可比拟的功绩,就是培养了一代人,包括我们在内的以及'三八式'的一大批干部。"[2]陈云曾说,他在延安时期学哲学,终身受益。他到晚年总结出著名的十五个字:"不唯书、不唯上、只唯实,交换、比较、反复。"前九个字是唯物论,后六个字是辩证法,总起来就是唯

---

[1] 《毛泽东年谱(1893—1949)》修订本中卷,中央文献出版社2013年版,第336页。
[2] 《陈云文选》第3卷,人民出版社1995年版,第284、285页。

物辩证法。

延安整风,最大的收获,最大的贡献,就是全党端正了思想方法,掌握了马列主义普遍原理与中国革命具体实践相结合的根本方向,确立了实事求是的思想路线,思想上达到了空前统一。这为中共七大的召开和夺取全国胜利,奠定了思想理论基础。

1945年,中国革命又到了一个历史转变关头。抗日战争即将胜利,迎面而来的是一个新的历史时期,党要去完成新的历史使命。为此,党中央作了各种准备,其中之一就是提高干部的理论水平,毛泽东在党的七大上提出要学习五本马列著作,包括《共产党宣言》《社会主义从空想到科学的发展》《两个策略》《"左"派幼稚病》和《联共党史》。

1948年4月,中国人民解放军正乘胜前进,当时在革命队伍内部存在着比较严重的无纪律和无政府状态,主要表现是:许多地方擅自修改中央的或上级党委的政策和策略,执行他们自以为是的违背统一意志和统一纪律的政策和策略;在工作繁忙的借口下,采取事前不请示事后不报告的错误态度;把自己管理的地方,看成好像一个独立王国。为了克服这种状态,毛泽东及时地提出要同志们学习列宁《"左"派幼稚病》的第二章。他在这本书的封面上写了一句话:"请同志们看此书的第二章,使同志们懂得必须消灭现在我们工作中的某些严重的无纪律状态或无政府状态。"中宣部根据毛泽东的批示即时发出通知，要求全党学习这本书的第二章。

1949年，革命即将在全国取得胜利，共产党即将在全国掌握政权。在这重大历史转变时刻，毛泽东在七届二中全会上又提出全党学习理论的任务，规定了干部必读的十二本马列主义著作，有《社会发展史》《政治经济学》《共产党宣言》《社会主义从空想到科学的发展》《帝国主义论》《国家与革命》《"左"派幼稚病》《论列宁主义基础》《联共党史》《列宁斯大林论社会主义建设》《列宁斯大林论中国》和《马恩列斯思想方法论》。

建国之初，我们的革命队伍迅速扩大。为了使新参加工作的干部和广大的知识分子确立革命的世界观和人生观，决心为共产主义事业，为劳动人民服务，为社会的解放和进步服务，在他们中间开展了社会发展史的学习，取得了极好的效果。不久，随着《毛泽东选集》的陆续出版，在全党形成了学习《毛泽东选集》的高潮，用毛泽东思想武装全党。这对于党的建设，对于全党学习党的历史，提高马克思主义理论水平，产生了广泛而深远的影响。

1953年，为了适应大规模的经济建设，中央决定，在全党学习《联共党史》九至十二章。这四章是讲苏联从结束国内战争、恢复国民经济时期，到提前完成第二个五年计划这段历史。那个时候，我们党对领导大规模经济建设没有经验，只有向取得社会主义建设伟大成就的苏联学习。

1958年"大跃进",党内出现极左思潮,大刮"共产风",严重违反价值规律,有人主张消灭商品,消灭货币,思想十分混乱。针对这个情况,毛泽东认为,首先要从理论上解决问题,于是,要全党学习斯大林的《苏联社会主义经济问题》一书。毛泽东带头学习,他自己至少读了三遍,还在第一次郑州会议上领读这本书,一边读,一边说,同全体与会者共同研究。重点学习其中关于商品生产、价值规律方面的内容,批判否定商品生产、否定价值规律的极左观点。他提出要大力发展社会主义商品生产,价值规律是一个伟大的学校等著名观点,统一了全党的思想,对极左思潮起了一定的遏制作用。

1978年党的十一届三中全会的召开,标志着中国的社会主义进入了一个崭新的历史时期,实现伟大的历史转折。要胜利地实现这个转折,把人们从"文革"的思想桎梏中解放出来,接受改革开放这种新的思想和实践,必须做拨乱反正的工作。而拨乱反正首先就遇到"两个凡是"错误指导方针的阻碍。怎么办?归根到底,还是得用马克思主义理论教育干部,去破除"两个凡是"。在邓小平等同志的支持下,一场关于真理标准问题的讨论,在全党,在全国开展起来了。用"实践是检验真理的唯一标准"这一马克思主义最基本的原理把人们的头脑武装起来,破除"两个凡是",为全面的拨乱反正打开缺口,铺平了道路。

1983年,应广大干部的要求,经中央决定,《邓小平文选

（一九七五——一九八二年）》即后来的第二卷出版了。《邓小平文选》为什么先出第二卷，而不是按时间顺序先出第一卷呢？原因不是别的，就是十一届三中全会路线、方针、政策的学习和落实，迫切需要用邓小平这一卷的著作对干部进行理论教育。这一卷的内容，是邓小平从1975年抓全面整顿到1982年在党的十二大上的开幕词提出"建设有中国特色社会主义"的主题这一时期的主要著作。中央作出决定，在全党学习这一卷《邓小平文选》，出现了一个学习高潮。这次理论学习，对于统一全党思想、开辟改革开放新时期起了重大作用。1993年《邓小平文选》第三卷出版，党中央又作出决定，在全党，从上到下地学习这一卷《邓小平文选》，党中央带头学。《邓小平文选》第二、第三卷，是中国特色社会主义理论的奠基之作，比较系统地回答了什么是社会主义、怎样建设社会主义的一系列根本性的问题。对这两卷《邓小平文选》的学习，大大提高了全党各级干部坚持走中国特色社会主义道路的自觉性和积极性。

2000年2月，江泽民同志提出"三个代表"重要思想。江泽民同志说，他提出这个问题，是经过了长期思考的。到21世纪初，我国改革开放已经二十多年，实行社会主义市场经济也将近十年。我们党应当提出并回答这样一个问题：在实行改革开放和社会主义市场经济的条件下，建设一个什么样的党和怎样建设党？这是一个非常现实的问题，直接关系到我们党和国家的前途命运。"三个代表"重要思想集中体现了党的性质、宗旨和根本任务，体现了党的先进性。"三个代表"重要思想进一步回答了什么是社会主义、怎样建设社会主义的问题，创造性地回答了建设一个什么样的党、怎样建设党的问题。2003年十六大以后，全党响应胡锦涛同志的号召，掀起一个学习"三个代表"重要思想的新高潮。

2003年，胡锦涛同志总结了我国改革开放和现代化建设的成功经验，吸取了其他国家在发展进程中的经验教训，又从战胜"非典"疫情得到重要启示，提出科学发展观。胡锦涛同志对科学发展观作了精辟的说明：科学发展观，第一要义是发展，核心是以人为本，基本要求是全面协调可持续，根本方法是统筹兼顾。科学发展观的提出，又解决了实现什么样的发展和怎样发展的问题。从去年起，全党分期分批地开展了学习实践科学发展观的活动。这次理论学习的一个显著特点是强调实践，强调结合本地区本部门的实际，把科学发展观落到实处。

"三个代表"重要思想和科学发展观，根据客观形势的发展，在解决前进中的一系列实际问题的过程中，丰富和发展了中国特色社会主义理论，和邓小平理论一起，形成一个理论体系。全党对"三个代表"重要思想和科学发展观的学习，对推进党的建设和中国特色社会主义事业的建设，起了巨大作用。

综上所述，可以看出，我们党组织干部进行理论学习，都是紧密结合实际的，都是为了解决中国革命、建设和改革中的实际问题。特别是在历史转变时期，或者党内出现了混乱思想的时候，党首先组织干部学习理论，统一全党思想，以便步伐整齐地去迎接新时期，完成新任务。这是我们党加强理论学习的一个突出的优点和特点。这是对我们今天加强理论学习的第一个启示。

第二，学习马克思主义，要掌握它的立场、观点和方法。这是毛泽东在延安整风前后，提出并反复强调的学习理论的方法。毛泽东提出，我们学习马克思主义理论，主要是从那里寻找解决中国革命实际问题的立场、观点和方法，而不是照抄照搬。恩格斯说："马克思的整个世界观不是教义，而是方法。它提供的不是现成的教条，而是进一步研究的出发点和供这种研究使用的方法。"[1]教条主义者，就是把马克思主义当成教条，不顾中国的实际情况，只是搬用马列著作的词句，来指导中国革命。比如，教条主义者主张中国革命以城市为中心，就是完全教条式地搬用马列主义的书本。毛泽东则不然，他运用马列主义基本的立场、观点和方法，根据中国实际，创造性地开辟了以农村包围城市，最后夺取全国胜利的正确道路。我们学习理论，特别是学习马克思主义经典著作，要注意学习它的基本的立场、观点和方法，学习它的精神实质。学习毛泽东的著作、邓小平的著作，也是这

[1]《马克思恩格斯文集》第10卷，人民出版社2009年版，第691页。

样。我们不仅要学习和掌握他们提出的具体的结论，还要学习他们是在什么条件下，为什么和怎样做出这些具体结论的，学习他们看问题的方法，对待问题的态度。比如，读《资本论》，不仅要学习马克思的经济学原理，还要从中学习马克思的哲学，学习他研究问题的科学方法。再比如，学习毛泽东的军事著作，不仅要学习他的战争观，学习他的战略战术问题，更重要的是学习他研究问题、解决问题的方法。

第三，学习理论，要着重学习中国化的马克思主义，特别是中国化马克思主义的新发展。马克思主义中国化的第一个成果是毛泽东思想，中国化马克思主义的新发展就是中国特色社会主义理论体系。我们每一个党员干部，都要具备马克思主义的基本理论，都要学习马克思主义的基本原理，以获得科学的世界观和方法论，确立根本的政治立场，这是非常重要的。但是，马克思主义是发展的，与时俱进的，必须是同各国的实际相结合的。在今天，我们学习马克思主义理论，就要着重学习中国化的马克思主义，特别是它的新发展。不论是上世纪八九十年代学习邓小平理论的高潮，还是后来学习"三个代表"重要思想的高潮，以及今天正在进行的学习实践科学发展观的活动，都对于统一思想，明确前进方向，推进中国特色社会主义事业的发展，发挥着极其重要的作用。如果没有这些学习活动，我们的事业能发展得这么好，这么快，是很难想象的。大家可以回顾一下。从上个世纪 90 年代初开始，苏联解体，东欧剧变，整个世界社会主义处于低潮，西方资产阶级政客们断言，共产主义、社会主义已经消亡。但出乎他们的意料，我们中国在共产党的坚强领导下，毫不动摇地坚持了社会主义，而且出现了经济大发展的世界奇迹。这是为什么？就是因为我们找到一条中国特色社会主义的道路，有了一个中国特色社会主义理论体系，有了一支为这个理论体系所武装起来的广大的干部队伍。由此看来，认真学习、实践中国特色社会主义理论体系多么重要。

第四，学习形式要多种多样。有自学，又有集体学习；有经常性的学习，又有全党集中一段时间的学习；有进党校的学习，又有进短期训练班的学习，等等。这些形式都是必要的，不可缺少的，都是要根据实际的需要。这里，我想特别强调一下自学，提高学习自觉性的问题。不管什么形式，学得好不好，关键在自学，这决定于每个人学习的自觉性和学习兴趣。如果对理论没有兴趣，学起来会感到很枯燥。理论兴趣是可以培养的。1957 年 8 月 4 日，毛泽东给他的秘书林克写了一封信，就谈到这个问题。信中说："我这几天感冒未好，心绪不宁，尚不想读英文。你不感到寂寞吧？你可以看点理论书。你需要学理论。兴趣有，似不甚浓厚，应当培养。慢慢读一点，引起兴趣，如倒啖蔗，渐入佳境，就好了。"[1] 如果对理论不

---

[1]《毛泽东年谱（1949—1976）》第 3 卷，中央文献出版社 2013 年版，第 196 页。

感兴趣,或者兴趣不大,可以好好读一读毛泽东这封信。在延安的时候,搞学习运动,学理论。当时碰到两个问题,一个是大家忙得很,一个是有些人看不懂理论书。怎么办?毛泽东提出两个法子,一个叫挤,一个叫钻。他说:"共产党员不学习理论是不对的,有问题就要想法子解决,这才是共产党员的精神。在忙的中间,想一个法子,叫做'挤',用'挤'来对付忙。""忙可以'挤',这是个办法;看不懂也有一个办法,叫做'钻',如木匠钻木头一样地'钻'进去。看不懂的东西我们不要怕,就用'钻'来对付。在中国,本来读书就叫攻书,读马克思主义就是攻马克思主义的道理,你要读通马克思的道理,就非攻不可,读不懂的东西可当仇人一样地攻它。"[1]毛泽东这段生动而深刻的话,对于鼓励我们学习理论,是很有帮助的。现在我们大家工作都很忙,只要用毛泽东所说的"挤"的办法,总可以拿出时间学习理论的,关键在自觉。

---

[1]《毛泽东文集》第2卷,人民出版社1993年版,第180、181页。

党史工作者的一项重要任务 *

党史工作在意识形态这个领域里，占有举足轻重的地位。它在很大程度上关系到党的生死存亡，关系到社会主义新中国的生死存亡。苏东剧变对我们的教育太深刻了。深知要毁灭一个执政的共产党，毁灭一个社会主义国家，意识形态工作起了多么大的作用，而它的突破口，就是否定和丑化共产党的历史，特别是否定和丑化党的领袖人物。

意识形态的工作，舆论的工作，是做影响人心、争取人心的工作，是做争夺群众的工作。错误的舆论导向，如果任其泛滥，发展到一定程度就会变成政治问题，直接危及人民的政权。敌对势力和别有用心的人非常懂得这一点，他们正在千方百计地，几乎是无孔不入地在中共党史上做文章，企图从这里打开缺口，整个地否定中国革命和中国共产党，达到颠覆社会主义新中国的目的。他们越来越明目张胆，越来越肆无忌惮。

---

* 这是作者 2010 年 7 月 14 日在一次讨论党史工作的座谈会上的发言。

我非常赞成和拥护中央领导同志提出的有计划地开展对一些重大党史问题的研究，及时回应和消除党史研究中的一些杂音噪音。这是极其必要的，是摆在党史工作者面前的一项紧迫而重大的任务，到了非做不可的时候了。不论是境外的敌对势力，还是国内的呼应者，他们制造的谣言、歪曲的事实，一些不明真相的人居然相信，而对真实的党史反而怀疑，反而不相信。比如，境外刊物造谣说中央文献研究室、中央党史研究室、中央党校联名上书中央书记处，说经过考证，《毛泽东选集》的文章除少数几篇外，都是别人写的，不是毛泽东的著作。这样的谣言还上了网，影响很坏。中央文献研究室等单位上网辟谣，消除了这个谣言所造成的影响。再如，有人写文章，利用一位同志在四千人讨论历史决议的小组会上的一个不准确的发言，说1950年"五一"节口号中的"毛主席万岁"是毛主席自己写上的。这篇文章也上了网，到处传播。最近中央文献研究室的同志发表原始档案，澄清了事实。

为了很好地完成中央领导同志提出的这个任务，首先要做好调查研究工作，详细了解和掌握对方的观点和使用的材料，把问题一个一个地列出来，组织力量，进行有理有据有力的批驳，该澄清的澄清，该辟谣的辟谣，消除恶劣影响，以正视听。现在有些地方的党史工作者，看到出版物上和网上许多造谣污蔑的东西，觉得不对头，很愤慨，但不掌握材料，不了解真实情况，不能进行有说服力的批驳，感到很苦恼。当你把事情的原委和真实情况如实地告诉他，他就感到很解决问题。

为了回应挑战，除了书写以外，还要广泛利用传媒工具，特别是要充分发挥网络、电视等媒体的作用。大报大刊固然很重要，小报小刊的影响也不能小视，它们甚至比大报大刊的影响还大，应当正确地发挥它们的作用。现在有些小报常常登一些反面的、猎奇的、翻案的文章，产生了很不好的影响。

我觉得，革命传统教育和党的历史教育，从青少年时期就要抓起，从小就培养他们爱国爱党的思想。当然，内容和形式要完全适合于青少年，使他们能够接受并且愿意接受。写回应文章的时候，一定要实事求是，有理有据，言之有物，注意掌握分寸，不说过头话，争取尽可能多的读者。

回应党史研究中的杂音噪音，是一个长期的任务。消除极少数别有用心的人歪曲、丑化党的历史，攻击、诋毁党的领袖人物在群众中造成的恶劣影响，是意识形态领域的一场艰巨斗争。我们在思想上要有充分准备。

一部重要的党史著作[*]
——读《中国共产党历史》第二卷

从1949年中华人民共和国成立到1978年党的十一届三中全会召开，共二十九年。这是一段波澜壮阔而又曲折复杂的历史，在中国共产党历史上占有特殊的地位。它离我们很近，同今天有着直接的关联，深入学习和研究这段历史，意义重大。

学习这段历史，可以了解：中国共产党领导中国人民，是怎样把一个四分五裂、极端落后的旧中国，建设成为除台湾等岛屿以外的空前统一的社会主义新中国；为了巩固新生的人民政权，荡涤旧社会留下的污泥浊水，采取了哪些重大步骤；在建设社会主义过程中，取得了哪些辉煌成就和成功经验，又遭受了哪些严重挫折和失败的教训；成功的原因是什么，犯错误、遭受失败的原因又是什么；在复杂多变和严峻的国际环境中，怎样审时度势，从容应对，而始终立于主动地位；为了维护祖国的主权、领土完整和民族尊严，进行了怎样坚定而有理

---

[*] 这篇文章发表在2011年1月14日《人民日报》和《求是》杂志2011年第2期。

有力的斗争；在严重困难面前，以怎样的姿态和精神面貌去战胜和克服困难；我们党是怎样依靠自己而不是依靠任何其他政治力量纠正自己的错误；党的领袖们是怎样殚精竭虑、苦苦思索，通过调查研究去寻找建设社会主义的规律；他们在领导社会主义革命和建设中表现出来的智慧、勇气和采取的科学的工作方法是何等的令人钦佩，等等。了解了这二十九年的历史，就会认识到，中国共产党为什么选择了中国特色社会主义道路，以及中国特色社会主义理论体系是怎样产生的。中国特色社会主义道路的选择，不是对二十九年的否定，它恰恰是在二十九年所奠定的制度的和物质的基础上发展起来的，继承其正确的，改正其错误的，与时俱进地增添了许多全新的东西。

中央党史研究室编写的《中国共产党历史》第二卷，是这二十九年党史的真实记录，对上述一系列问题作了令人信服的回答和阐述。它的出版，不仅是党史工作中的一件大事，而且是党的整个思想理论宣传工作中的一件大事。

这部党史优点很多，至少可以举出以下几点。

第一，坚持党性和科学性的统一。党史是一门政治性很强的学科，同时又要求具有高度的科学性，二者必须统一。对于党史，站在不同的立场，就必然有不同的甚至是截然相反的看法。因此，我们写党史首先要有一个基本的立足点，这就是站在党和人民的立场，即党性原则。所谓科学性，就是实事求是，符合实际。《中国共产党历史》第二卷全面地实事求是地反映了二十九年的历史真实，紧紧把握这段历史的主题和主线，对新中国成立以来的历次政治运动，重大历史事件，经济、政治、文化等建设，党的路线、方针、政策和思想理论等等，作了比较准确的记述、精辟的分析和公正的评价；对于党领导全国人民艰苦奋斗所取得的成就和成功的经验加以充分肯定；对于党所犯的错误及其后果，如实反映，既不回避，又不渲染，以严肃的态度和语言来表述，写得恰如其分；对于党犯的错误，不是简单化地笼统地加以批评了事，而是作全面的分析。比如，对"大跃进"，《中国共产党历史》第二卷是这样写的："毛泽东发动'大跃进'运动的初衷，是希望以最快的建设速度尽快改变贫穷落后面貌，使中国真正发展、强大起来，以自立于世界民族之林。这种愿望，与广大干部群众的普遍愿望是一致的。问题在于实际工作中背离了党一贯倡导的实事求是的思想路线，没有经过深入细致的调查研究和科学论证，便从主观愿望出发，夸大主观意志和主观努力的作用，提出了一些超越历史发展阶段的目标和方针、政策，造成了实际工作中违反自然规律和经济规律的情况。这种头脑发热的现象，不仅毛泽东有，其他中央领导人有，而且在当时的党员和干部中较为普遍地存在，是当时那个发展阶段由急于改变中国'一穷二白'落后面貌的心情而萌发出的一种历史现象。"书中对"大跃进"造成的严重破坏和巨大损失作了详细叙述，同时也讲到另一面的情况："广大干部群众以空前的热情和干劲，战天斗地，昼夜苦干，所付出的辛勤劳动也取得了一部分实际成果。还有那些修建得合乎需要的农田水利工程，那些新增加的后来形成了生产能力的工业设施，不仅在当时发挥了作用，而且在以后相当长的时期内继续发挥着效益。科学技术也有了可喜的发展，尤其是在某些尖端科技领域填补了一些空白。在全国许多从来没有工业的地方办起工业，虽然很大一部分当时没有能够巩固，但终究为这些地区后来的工业发展奠定了最初的基础。"

这部党史在讲党的缺点和错误的时候，完全是为了总结经验，从错误中汲取教训，以增长才干，使我们更好地前进，而不是为了别的。中国共产党的两个历史决议在这方面做出了榜样。我们党就是在正确总结经验教训中逐渐成熟起来的。

这部党史有一个突出特点，就是对于重大的历史事实，放在当时的历史条件下进行分析和判断，而不是离开历史条件的变化，用今天的政策去衡量和评价，坚持了历史唯物主义的观点。比如对统购统销政策的评价就是这样。书中说："历史地看，实行粮食等主要农产品的统购统销，是我国工业化初创阶段必须采取的一项重大政策。在当时的历史条件下，这项政策不仅稳定了市场，在不高的水准上解决了全国人民经济生活中最重要的吃、穿问题，而且基本满足了初期工业建设对大宗粮食的需要。""实施这一政策20多年的实践说明，它对供给和支持经济建设，保证人民基本生活安定，维持物价和社会秩序稳定，每逢灾年调集粮食赈灾度荒等，都起到了重要作用。""当然也应看到,统购统销制度在客观上割断了农民历来同市场的联系,限制了商品生产的发展,这在当时的历史条件下是难以避免的。"对于党史上的重要历史人物的功过是非,这部党史也写得比较公道,不因为犯过错误而抹杀其贡献,也不因为有过功劳而掩饰其错误。

第二,做到材料和观点的统一,即所谓史论结合。这部党史不是简单地叙述历史,而是夹叙夹议,在叙述历史过程中都有所分析和评论。事情的来龙去脉交代得很清楚,分析意见说得比较中肯,深入而恰当。当你读了一段事实的叙述之后,感到需要评论的时候,一段精彩的评论果然就出现了,使读者产生一种满足感,提高到理性的认识。书中引用了许多材料和数字,都是为了说明问题的。不是材料的堆砌,也不是平铺直叙,材料和观点融合得比较自然。对于重大历史问题,不仅说明事实是什么,并进而说明事实是怎样发生的和为什么发生。比如,对生产资料私有制的社会主义改造,现在有一些不同的看法。我认为这部党史对这个问题的论述是有说服力的。它分析了当时的实际情况,用事实说明社会主义改造是社会经济客观发展的趋势,适应了生产力发展的要求,而不是人为制造的。拿对资本主义工商业的改造来说,当时情况是,就总体而言,国有企业优胜于公私合营企业,公私合营企业又优胜于私营企业,正如书中所说的:"我国的社会主义经济制度,是随着不断解放和发展生产力而建立起来的。""在我国社会主义改造中,虽然也出现过一部分群众生产积极性不高的情况,但从总的方面看,所有制关系的变革不但没有破坏生产力,而且明显地促进了生产力的发展。在农业合作化过程中,粮食产量逐年都有所增长,农田水利建设和农业技术改造逐年都有所发展。原有私营企业在接受改造过程中,生产增长和效益提高也比较显著。"同时,书中又指出了"三大改造"的不足之处以及遗留下来的一些问题。

第三,达到历史和逻辑的统一。这是历史书,主要写历史发展过程,但不能写成编年体。这段历史涉及政治、经济、文化、军事、国防、统战、外交、党建等等,头绪纷繁,非常复杂,而又互相联系。因此,全书的编、章、节的划分和编排需要有精心而周密的设计。我认为这部党史在这方面做得比较好。整体结构是合理的,条理分明,思路清晰,逻辑性比较强,前后连贯而不重复,可以一口气读下来。关于结构,有两点谈一下我个人的看法。一是关于前七年要不要分为两编的问题,即所谓"前三后四"。我赞成现在这个本子的划法,把前七年作为一编。前七年中也有阶段性,即前三年是经济恢复时期,后四年是大规模经济建设开始和系统进行社会主义改造的时期。其实,三年经济恢复时期中社会主义因素也在不断地增长,正如书中所说:"实践表明,在新中国成立的头三年,在某些方面(不是在一切方面)已经开始了社会主义改造的初步工作。""前三后四"这两个阶段,同前七年、社会主义基本制度建立后的十年、"文化大革命"十年，不是一个层次的历史阶段，不宜分成两段同它们并列，而应以前七年作为一个历史阶段，即从中华人民共和国成立到社会主义改造基本完成。这是一个向社会主义过渡的时期，也就是新民主主义时期或叫新民主主义社会，毛泽东、周恩来都多次说过，过渡时期就是新民主主义社会。二是关于第四编《在徘徊中前进和实现伟大的历史转折》放在第二卷好还是将来放到第三卷好的问题。这两个方案都各有其道理。中央党史研究室经过反复研究并征求有关专家意见后，决定放在第二卷。我觉得这可能是一个比较理想的选择。如果第二卷以第三编《"文化大革命"的内乱和林彪、江青两个反革命集团的覆灭》作为本卷的结束，读完全书会使人感到压抑、茫然：中国将向何处去呢？得不到答案。以第四编作为本卷的结束，则完全是另外一种景况：经过拨乱反正实现了伟大的历史转折，有了前进的正确方向，人们看到了重新振兴的希望，令人鼓舞。

第四，文风比较好。文字平实、精练而顺畅，遣词造句比较考究。用概括而准确的语言讲述历史，翔实而不烦琐，用尽可能小的篇幅表达了最大容量的内容，又有典型事例和代表人物的形象描述。特别是一些点睛之笔、提神之笔，读后令人感奋。书中对中国20世纪60年代前半期的历史风采就有这样一段精彩的描述："帝国主义越是封锁，国民经济越是困难，人民却越是团结在党的周围。这是因为，人民群众坚信，党所代表的是中国人民的根本利益。在党的领导下，全国人民万众一心，发展工农业生产，改变贫穷落后面貌，建设伟大的社会主义国家。这是一个艰苦奋斗的年代，一个乐于奉献的年代，一个理想闪光的年代和一个意气风发的年代。这种时代性的社会风尚和思想氛围，给中国社会主义建设的历史烙下了深刻的印记。"文似看山不喜平，这部党史读起来很吸引人，不觉得枯燥。

《中国共产党历史》第二卷是经中共中央批准的权威党史基本著作。它以《关于建国以来党的若干历史问题的决议》的基本精神和基本论断为指导，吸收了多年来党史研究的积极成果，以翔实的材料，大大丰富和充实了《关于建国以来党的若干历史问题的决议》的内容。这部党史的出版，对于我们正确认识和了解这段历史具有十分重要的意义。正确认识过去，有助于正确把握未来。经历过这段历史的人们，读了它，可以有新的认识，受到新的启迪，温故而知新。不了解这段历史的人们，读了它，可以学到很多东西，从前人的艰辛探索中汲取智慧和力量，汲取经验和教训。

多年来，境内外出版和发表了大量关于这段历史的专著和文章。大部分是好的或者基本上是好的，符合或者基本符合历史的真实，对于人们有教育意义。值得注意的是，有不少专著和文章，否定和丑化党的历史，否定和丑化党的领袖人物，刻意渲染和夸大党的缺点和错误，把党的历史说得一团漆黑。他们使用造谣诽谤、无中生有、断章取义、以偏概全、颠倒是非等种种手段,欺骗那些善良的不了解情况的人们,在群众中间散布对中国共产党的不信任感,以达到他们别有用心的目的。《中国共产党历史》第二卷的出版,将真实的历史呈现在读者面前,起到澄清事实、正本清源、以正视听的作用。这是广大党史工作者和理论工作者所热切企盼的。

近些年来,人们在议论这样一个问题:在国际风云急剧变化、世界社会主义处于低潮的形势下,许多国家的共产党失去了执政地位,一些社会主义国家甚至解体了,而中国共产党尽管经历了许多艰难曲折,却是永葆青春活力,越来越壮大,坚强有力地领导着一个十三亿人口的大国向着自己的目标阔步前进,这是为什么?我想,只要了解和研究一下中国共产党九十年的历史,特别是读一读《中国共产党历史》第二卷,是会得到答案的。

我们党历来重视党史学习,这是一个很好的传统。毛泽东、邓小平、江泽民、胡锦涛同志都有这方面的重要论述。党的十七届四中全会又提出建设学习型政党的任务。习近平同志在全国党史工作会议的讲话中说:"倍加珍惜党的历史,深入研究党的历史,认真学习党的历史,全面宣传党的历史,充分发挥党的历史以史鉴今、资政育人的作用,是党和国家工作大局中一项十分重要的工作。"《中国共产党历史》第二卷是一部高水平的学术著作,又是一部重要的政治教材。对于全党干部特别是各级领导干部来说,学习这部著作是非常有益的和必要的。

关于中国共产党的基本历史经验 *

中国共产党已经走过了九十年的历程，称得上一个老党，但依然充满青春活力，朝气蓬勃，强有力地领导着一个十三亿多人口的社会主义大国，满怀信心地阔步前进。在当今世界社会主义处于低潮、许多社会主义国家的共产党失去执政地位的情况下，这是一个备受关注的历史现象。

要深刻理解这一历史现象，最好是研究一下中国共产党的历史经验。中国共产党在九十年的征程中，不知道遇到过多少艰难困苦和挑战考验，遭受过多少失败和挫折。但是，这一切都被一个一个地克服了、战胜了。历经磨难和曲折，中国共产党从失败走向胜利，又从胜利走向新的胜利。中国共产党的历史极为丰富，有非常珍贵的成功经验，又有十分惨痛的失败教训。中国共产党善于运用马克思主义的科学思想总结正反两方面的经验，肯定成绩，纠正错误，记取教训，并把它们提升到

---

* 这篇文章发表在 2011 年 5 月 4 日《人民日报》。

思想理论高度，教育全党，取得共识，形成合力，步调一致地沿着正确的方向继续前进。绝不因为犯过严重错误而全盘自我否定，也绝不因为取得伟大胜利而故步自封。

中国共产党九十年间积累的丰富经验是一笔巨大财富，把它们总结起来会给党以巨大的推动力。对于党的丰富经验，人们可以从不同角度、不同层次列出若干条，但最重要、最根本的有以下三条，其中每一条都关系党的兴衰成败和生死存亡。

必须有一个正确的理论指导

理论是一面旗帜。掌握了正确的理论，是一个工人阶级政党成熟的主要标志。中国共产党之所以能够取得革命胜利并在革命胜利后长期执政，关键就在于有一个正确的理论指导。这个理论，不是什么别的理论、什么别的主义如民主社会主义等，而是马克思主义基本原理同中国具体实际相结合的理论，即中国化马克思主义。这个理论的精髓就是实事求是。在中国共产党内，第一个提出这一思想原则并付诸实践的是毛泽东同志。

在马克思主义中国化过程中产生的两大理论成果——毛泽东思想和中国特色社会主义理论体系，一脉相承而又不断发展，是推动中国历史车轮不断向前的思想力量。有了毛泽东思想，才有中国革命的胜利。与中国共产党差不多同时成立的许多国家的共产党，其中不少至今还没有取得革命的胜利，就主观条件来说，主要就是没有形成符合本国实际情况、有着明确奋斗目标、能够凝聚全党力量的正确理论指导。这是一个鲜明的历史对照。到了20世纪70年代末80年代初，中国刚从"文化大革命"的内乱中走出来，"中国向何处去"又到了一个历史的关节点。邓小平同志总结历史经验，纠正毛泽东同志晚年的错误，坚持和发展毛泽东思想，开创了改革开放和社会主义现代化建设的新时期，逐步形成了邓小平理论。邓小平理论经过丰富和发展，"三个代表"重要思想和科学发展观等重大战略思想相继提出，形成了中国特色社会主义理论体系。在这个理论体系的指导下，中国在坚持社会主义基本制度的条件下实现了令世人惊奇的大发展大繁荣，一跃而成为世界第二大经济体。与此同时，苏联和东欧一些国家的共产党背弃马克思主义，采取错误的理论为指导，结果纷纷失去执政地位，有的连国家都解体了。这又是一个鲜明的历史对照。

正确的理论来之不易。毛泽东思想和中国特色社会主义理论体系的形成和发展，都不是一帆风顺的，而是在同各种错误倾向的斗争中，在总结正反两方面的经验中，集中全党的智慧形成和发展起来的。一方面，反对各种反马克思主义的倾向；另一方面，反对对待马克思主义的教条主义倾向。对于正确理论的形成来说，正面的经验是重要的，反面的经验同样是重要的；从某种意义上说，后者的重要性并不亚于前者。毛泽东同志说过：在民主革命时期，"没有两次胜利和两次失败的比较，还没有充分的经验,还不能充分认识中国革命的规律"[1]。邓小平同志在回顾中国共产党的历史后也曾说过:"我们现在的路线、方针、政策是在总结了成功时期的经验、失败时期的经验和遭受挫折时期的经验后制定的。历史上成功的经验是宝贵财富,错误的经验、失败的经验也是宝贵财富。"[2]他甚至说:"文化大革命"也有一"功",它提供了反面教训。没有"文化大革命"的教训,就不可能制定十一届三中全会以来的思想、政治、组织路线和一系列政策。

理论来源于实践,又必须随着实践的发展和时代的前进而发展。这就是与时俱进。马克思主义的生命力就在这里。用毛泽东同志的话来说,"马克思主义是空前而不绝后"[3]。在发展理论的过程中,需要借鉴外国的实践经验,学习和吸收人类创造的、包括在资本主义条件下创造的一切文明成果。但是,借鉴和学习一定要适合中国的国情。不研究中国的特点,不从中国的实际出发,硬搬外国的东西,不但不能解决中国的问题,反而有害。在这件事情上,我们党在历史上曾经吃过大亏,有过沉痛教训。

理论要发展,就一定要创新。所谓理论创新,就是在马克思主义指导下,对实践创新作出理论概括。这不是从理论到理

---

[1]《毛泽东文集》第 8 卷,人民出版社 1999 年版,第 299 页。

[2]《邓小平文选》第 3 卷,人民出版社 1993 年版,第 234—235 页。

[3]《毛泽东年谱(1893—1949)》修订本中卷,中央文献出版社 2013 年版,第 87 页。

论，不是只在词句上变花样，而是把实践经验提升到理论。同时，理论正确与否，最终要由实践来检验。中国特色社会主义理论体系已经被证明是符合中国实际的，是强国富民、振兴中华的正确理论。

马克思主义是先进的科学理论，虽然它的某些具体结论随着时间的推移会过时，但它的基本原理、世界观和方法论是不会过时的。在我国，作为指导思想的理论只能是马克思主义。文化可以有多样性，指导思想不能多元化。如果用其他的什么思想、学说去代替马克思主义的指导地位，那就是历史的倒退。

一切为了人民，一切依靠人民

中国共产党自成立之日起，就肩负起民族独立、人民解放和国家富强、人民幸福两大历史任务。中国共产党作为一个工人阶级政党，代表的是中国人民和整个中华民族的利益。早在抗日战争时期，毛泽东同志就明确指出："共产党人决不将自己观点束缚于一阶级与一时的利益上面，而是十分热忱地关心全国全民族的利害，并且关心其永久的利害。"[1]"共产党是为民族、为人民谋利益的政党，它本身决无私利可图。"[2]

---

[1]《毛泽东文集》第1卷，人民出版社1993年版，第483页。
[2]《毛泽东选集》第3卷，人民出版社1991年第2版，第809页。

一切为了人民,一切依靠人民,是由马克思主义的唯物史观和价值观所决定的,是中国共产党的力量源泉。中国共产党为什么能够从只有几十个人的小政党发展成为拥有七千七百多万党员、领导着十三亿多人民的执政大党?靠的是人民。中国共产党领导的军队为什么能够凭着小米加步枪打败由美国武装起来的八百万国民党军队?靠的是人民。曾经十分落后的古老中国为什么能够在中国共产党领导下用六十多年时间发展成为经济总量仅次于美国的世界第二大经济体?靠的是人民。离开人民的支持,就一事无成。在长期的革命斗争中,中国共产党已经深深地扎根在中国人民之中,同中国人民同甘苦共命运,建立了不可分离的血肉联系。我们决不应当忘记,中国人民特别是广大劳动人民在各个历史时期对党的支持,甚至用自己的生命来捍卫党的事业。九十年的历史清楚地告诉我们,什么时候密切联系群众,为人民服务做得好,党的事业就发展,就胜利前进;什么时候脱离群众,办了不利于人民的事情,党的事业就遭受挫折甚至失败。英国元帅蒙哥马利 1960 年访问中国后发表的一篇文章《我同毛的会谈》中这样说:"毛泽东的哲学非常简单,就是人民起决定作用。"他说得对,这就是中国共产党奉行的哲学。

　　中国共产党全心全意为人民服务的根本宗旨,集中体现在党的政策上。邓小平同志多次强调,党的政策好不好,对不对,要看群众拥护不拥护、赞成不赞成、高兴不高兴、答应不答应。这就是说，党的政策必须符合群众的愿望、需求、意见和现实的情况。要了解群众的真实情况，就必须深入群众、深入基层，放下架子，同群众打成一片，做系统细致而不是浮光掠影、走马观花的调查研究；把从调查中得到的大量材料加以分析研究，集中起来，形成政策，再把政策贯彻到群众中，在实践中检验政策是否符合实际，是否符合群众的意愿。如此往复循环，政策便逐渐完善起来。这就是我们党历来倡导的从群众中来、到群众中去的群众路线。现在大家不是在谈论民主吗？民主应该是绝大多数人的民主，而党的群众路线就是最可靠、最实在、最能反映民意的民主。

中国共产党全心全意为人民服务的根本宗旨，要落实到每个党员特别是领导干部的实际行动中，真正为老百姓办实事，解决老百姓的实际问题，让老百姓得到实惠。胡锦涛同志强调："时刻把群众的安危冷暖放在心上，真诚倾听群众呼声，真实反映群众愿望，真情关心群众疾苦，着力保障和改善民生，着力解决人民最关心、最直接、最现实的利益问题。"[1]

中国共产党是人民利益的代表者，又是人民群众的领导者。领导者有一个教育群众的责任，即用先进的思想、先进的文化、正确的舆论去引导、影响、启发群众，提高他们的思想觉悟和境界。这是关乎提高整个民族素质的大问题，具有长远

---

[1] 胡锦涛在中共十七届一中全会上的讲话，2007年10月22日。

的意义，切不可等闲视之。在我们的工作中，自以为是，对群众采取命令主义的态度是错误的，必须反对；对群众采取尾巴主义的态度，甚至迎合群众中低俗的、愚昧落后的东西也是错误的，也必须反对。

中国共产党成为执政党以后，特别是在改革开放和发展社会主义市场经济的条件下，面临着新的严峻考验。在一些党员干部中，全心全意为人民服务的意识淡忘了，脱离群众的现象增多了，甚至出现了以权谋私、贪赃枉法、违法乱纪、生活腐化等腐败现象，引起群众的强烈不满。这虽是局部的现象，但决不能有丝毫忽视。针对这种情况，江泽民同志尖锐地指出："历史和现实都表明，一个政权也好，一个政党也好，其前途命运最终取决于人心向背，不能赢得最广大群众的支持，就必然垮台。"[1]正所谓人心向背决定一切。在这个问题上，党中央始终保持高度警惕，再三提醒全党要居安思危，要有忧患意识，并采取各种办法教育党员干部，用严格的纪律与制度规范和管理党员干部的行为，不断加强反腐倡廉的力度。以胡锦涛同志为总书记的党中央提出"以人为本、执政为民"的执政理念，就是要在新的历史条件下继承和实践全心全意为人民服务的根本宗旨。

---

[1]《江泽民文选》第3卷，人民出版社2006年版，第129页。

坚持不懈地抓好党的自身建设

中国共产党要完成国家和民族赋予的伟大历史任务,得到人民的拥护和信任,首先要把自身建设好,成为思想上、政治上、组织上巩固的党。党的建设包括思想、组织、作风、制度、反腐倡廉等多个方面。这里着重就思想建设和组织建设谈一些看法。

把思想建设放在第一位,是党的建设的一条重要经验。这是毛泽东同志对马克思列宁主义建党学说的创造性发展。加强党的思想建设,古田会议开了先河,延安整风是一次重大实践。通过延安整风,全党掌握了马克思列宁主义基本原理同中国革命具体实践的统一这个基本方向,确立了实事求是的思想路线。延安整风为夺取抗日战争胜利和全国革命胜利,从思想上奠定了基础。它对中国人民革命事业做出的历史性贡献、对党的建设所起的积极作用,是不可磨灭的。

党的十一届三中全会以后,进行拨乱反正,首先就是从思想上进行拨乱反正,恢复党的实事求是的思想路线。接着,在全党兴起学习邓小平著作高潮,把全党思想统一到十一届三中全会的路线、方针、政策上,开创了改革开放和社会主义现代化建设新局面,开辟了中国特色社会主义道路。随着形势的发展,我们党又先后开展了一系列学习活动,用马克思主义中国化的最新成果武装全党。回顾从古田会议提出纠正党内的错误思想到党的十七届四中全会提出建设马克思主义学习型政党，这八十多年间我们党始终把思想建设放到头等重要的地位。

在改革开放和发展社会主义市场经济条件下，坚定共产党人的理想信念，保持共产党员的先进性，是一个非常突出、非常现实的问题。早在1942年，毛泽东同志就提出不仅组织上入党而且要思想上入党的问题。改革开放以后，邓小平同志又多次提出做合格的共产党员的问题。到2001年，江泽民同志再次提出不仅要组织上入党而且要思想上入党的问题。这应当引起全党特别是各级党组织的高度重视。

党的正确思想总是在同各种错误思想和倾向的斗争中发展起来的。我们党强调以正面教育为主，同时也不放松对错误思想倾向的批评。这一点十分重要。有一些社会主义国家的共产党，长期忽视党内的思想教育，听任各种错误思潮自由泛滥，搞乱了思想，涣散了组织，最终垮台，教训是十分深刻的。

党在思想上的统一需要有组织上、制度上的保证，这个制度就是民主集中制。在纪念建党七十周年的时候，江泽民同志曾这样说过："我们这样一个有五千万党员的大党，靠什么组织起来并具有强大力量呢？很重要的是靠坚持和完善民主集中制。民主集中制是党的根本组织原则。削弱和否定它，就会损害党的战斗力，以至瓦解党的组织。"[1]

---

[1]《十三大以来重要文献选编》下册，人民出版社1993年版，第1656页。

实行民主集中制，最重要的是处理好民主和集中的关系。民主和集中是统一的，就是在充分发扬民主的基础上实行正确的集中，使全党在思想上、政治上保持一致。只有集中没有民主，就是个人或少数人说了算，独断专行；只有民主没有集中，就是议而不决、决而不行、各行其是，就会造成无政府主义泛滥。民主是基础，是前提，把民主集中制说成是"集中制"而加以否定，显然是不对的。实行民主集中制也是实现决策科学化、民主化的制度保证。

在实行民主集中制这个问题上，我们党是有过教训的。哪个时期民主集中制贯彻执行得好，党的事业就兴旺发达，就前进得比较顺利，遇到了困难也比较容易克服，党内生活就生动活泼；哪个时期违反甚至破坏了民主集中制，党内生活就很不正常，不能形成真正的全党一致，党的事业就遭受挫折甚至发生倒退。不能因为党在民主集中制问题上犯过错误，给党的事业造成过损失，就否定民主集中制。正反两方面的经验恰恰证明了民主集中制的正确性和必要性。

抓好党的基层组织建设，是党的建设中又一个重要问题。从毛泽东同志提出支部建在连上，这个制度就一直延续下来了。这是我们党所特有的一个组织优势。基层组织是党的基础，是党联系广大人民群众的关键环节，党的政策都要通过基层组织贯彻到实际工作中。一个基层组织就是一个战斗堡垒，就是团结和凝聚一个地方、一个单位广大群众的核心力量。人们还记得，2008年四川汶川特大地震，映秀镇顷刻间变为一片废墟。就在这片废墟上，映秀镇党委的牌子挂出来了，让受灾群众立刻感到有了依靠、有了希望、有了信心。镇党委及其成员成了群众的主心骨、贴心人，他们带领群众坚持战斗在救灾的第一线。类似这样的事例是很多的，说明了党的基层组织在群众心目中占有多么重的分量。基层组织的状况，直接关系党的执政基础牢靠不牢靠。当前正在进行的创先争优活动，就是为加强基层党组织建设而采取的一个重要举措。

中国共产党执政六十多年，使中国发生了翻天覆地的变化。现在，我国国民经济大发展，人民生活水平不断提高，政治社会稳定，民族团结，人民是满意的。但是，新的问题、新的矛盾不断凸显，而且我们所面临的是一个复杂多变、并不太平的国际环境。客观形势向我们党提出新的更高的要求。提高党的领导水平和执政水平，提高拒腐防变和抵御风险能力，始终保持和不断发展党的先进性，就成为党的建设中一个根本性问题。

只要坚持马克思主义基本原理同中国具体实际相结合的理论即中国化马克思主义，全心全意为人民服务，一刻也不脱离群众，坚持不懈、持之以恒地抓好党的自身建设，那么，中国共产党必将长期执政，带领全国人民把中国建成富强、民主、文明、和谐的社会主义现代化国家，为振兴中华做出更大的贡献。

从井冈山精神到西柏坡精神 *

中国共产党在长期的革命斗争中，不仅形成了一整套正确的理论、路线、方针、政策，还培育了许多熠熠生辉、影响深远的精神，包括井冈山精神、苏区精神、长征精神、延安精神、南泥湾精神、白求恩精神、西柏坡精神等等。这些精神，具有共同性，一脉相承，都是以马克思主义为理论基础，紧密结合中国革命实践的。但它们又各有自己的特点，都是在特定的历史条件下，在革命实践的过程中形成的。这些革命精神，一直是教育全党、凝聚全党、鼓舞全党，推动革命事业向前发展的有力武器。其中最有代表性的是井冈山精神、延安精神和西柏坡精神。

什么是井冈山精神？我个人认为，井冈山精神最核心的内容有两点。第一，是勇于创新，敢于开辟新路子的精神。1927

---

* 这是作者 2012 年 6 月 19 日在中国中共文献研究会毛泽东思想生平研究分会与中共河北省委宣传部等单位联合举办的"弘扬西柏坡精神，加强新时期党的建设"学术研讨会上的讲话，发表在《党的文献》2012 年第 5 期。

年大革命失败了,中国共产党该怎么办?怎样继续革命?这是摆在当时中国共产党人面前的头等大事。走俄国十月革命城市武装起义的道路,这是当时中共许多领导人所主张的。因为有例可循,而且是上了书的。毛泽东则不然。他敢于闯新路,另辟蹊径,上山打游击,走农村包围城市的道路,同十月革命的方式截然不同。可以想象,这在当时需要多大的勇气!这勇气从哪里来的?就是在马克思主义的指导下,从中国的实际情况出发,既不迷信书本,又不照抄外国,走自己的路。几十年以后,邓小平开创中国特色社会主义道路,正是沿着这个思路创造出新的奇迹。第二,是革命的坚定性,对理想信念的坚定性。上个世纪20年代末,当小小的红色政权处于强大敌人四面包围的极端严峻的形势下,党内产生了一种对时局估量的悲观思想,像林彪这样重要的红军领导人都发出了"红旗到底能打多久"的疑问。在这种情况下,毛泽东表现出异乎寻常的坚定性。他斩钉截铁地说:"红军必须在边界这等地方,下斗争的决心,有耐战的勇气。""边界红旗子始终不倒,不但表示了共产党的力量,而且表示了统治阶级的破产,在全国政治上有重大的意义。"[1]这种革命坚定性,不是盲目的,而是建立在对全国形势所作的科学分析基础上的。事实最终证明了毛泽东关于"星星之火,可以燎原"的伟大预见。后来,毛泽东总结

---

[1]《毛泽东选集》第1卷,人民出版社1991年第2版,第81页。

出一条重要经验。他说:"世界上出现过许多类似的情况,在紧要的关头,就看你坚定不坚定,坚持不坚持。你咬紧牙关坚持一下,就可以取得胜利。对方熬不下去,挺不住了,他就失败了。我自己就经历过许多次这样的情况。"[1]说到这里,我自然联想到今天的现实。自从苏东剧变、社会主义处于低潮以后,有些共产党员丧失了对社会主义的理想信念,有的甚至走向相反的道路。在这关键时刻,邓小平出来说话,他深刻地指出:"一些国家出现严重曲折,社会主义好像被削弱了,但人民经受锻炼,从中吸收教训,将促使社会主义向着更加健康的方向发展。因此,不要惊慌失措,不要认为马克思主义就消失了,没用了,失败了。哪有这回事!"[2]邓小平的话坚定了全党的信念。社会主义的新中国依然屹立在世界的东方,越来越强大。毛泽东对井冈山那段艰苦斗争的历史,似乎有着特殊的感情,总是念念不忘。1965年,我国国民经济已根本好转,人民生活有了显著改善。他就提出:"日子好过了,艰苦奋斗的精神不要丢了,井冈山的革命精神不要丢了。"[3]井冈山精神为中国共产党的优良作风和光荣传统,奠定了基础。

再谈谈延安精神。多年来,对延安精神的研究,已有大量成果问世,党的几代主要领导人对延安精神都有过精辟论述。

---

[1]《毛泽东年谱(1949—1976)》第5卷,中央文献出版社2013年版,第433页。

[2]《邓小平文选》第3卷,人民出版社1993年版,第383页。

[3]《毛泽东年谱(1949—1976)》第5卷,中央文献出版社2013年版,第495页。

早在1949年10月26日，毛泽东在给延安和陕甘宁边区人民的复电中就指出："永远保持过去十余年间在延安和陕甘宁边区的工作人员中所具有的艰苦奋斗的作风。"[1]1977年5月24日，邓小平在一次谈话中说："民主作风是个党风问题、军风问题、民风问题、学风问题。总的说来是党风问题，是毛主席培养起来的延安作风、延安精神。延安作风、延安精神要恢复，要继承和发扬起来。"[2]1980年12月25日，邓小平又指出："我们一定要宣传、恢复和发扬延安精神，解放初期的精神，以及六十年代初期克服困难的精神。"[3]后来，江泽民同志2002年三四月间在陕北考察时，在前人论述的基础上将延安精神概括为四句话："坚定正确的政治方向，解放思想、实事求是的思想路线，全心全意为人民服务的根本宗旨，自力更生、艰苦奋斗的创业精神。"[4]延安精神内容十分丰富，博大精深，可以说是中国共产党优良作风之集大成，同时又吸收了一些中华文化之精华。2006年1月29日，胡锦涛同志在延安考察时，曾对延安精神作出这样的评价："延安精神是我们党的性质和宗旨的集中体现，是我们党的优良传统和作风的集中体现，是中国共产党人崇高品德和伟大情怀的集中体现。"值得

---

[1]《毛泽东文集》第6卷，人民出版社1999年版，第17页。
[2]《邓小平年谱（1975—1997）》（上），中央文献出版社2004年版，第160页。
[3]《邓小平文选》第2卷，人民出版社1994年版，第369页。
[4] 2002年4月3日《人民日报》。

注意的是，延安精神已经涵盖了第二个历史决议所概括的毛泽东思想活的灵魂的三个方面，即：实事求是，群众路线，独立自主。延安精神的内容之所以如此丰富，其思想内涵之所以如此深刻，就是因为我们党已经奋斗了二十多年，积累了十分丰富的经验。特别是，毛泽东思想已经达到成熟，中国共产党已经有了一套正确的理论、路线、方针、政策，并且经过延安整风，达到全党思想上的统一。延安精神就是在这样的历史背景下形成的。

最后谈谈西柏坡精神。西柏坡精神，继承了井冈山精神、延安精神以及其他革命精神，并有所发展，突出了"两个务必"的思想。这是当时历史条件下的产物，也是中国革命发展的必然要求。革命就要在全国胜利了，中国共产党面临着全新的形势、全新的任务，将要经受从未有过的新的考验，这就是在和平环境中执政的经验。这时的毛泽东心情是复杂的，又高兴，又担心。他最担心的是什么呢？就怕党的干部在胜利面前骄傲起来，居功自傲，贪图享乐，不愿再过艰苦的生活而脱离群众，因此提出"务必使同志们继续地保持谦虚、谨慎、不骄、不躁的作风"；就怕党的干部被资产阶级的糖衣炮弹打倒，贪污腐败，蜕化变质，因此提出"务必使同志们继续地保持艰苦奋斗的作风"。毛泽东深知中国历史上一些王朝覆灭的深刻教训，特别是李自成失败的教训。早在延安整风时，他就把郭沫若的《甲申三百年祭》定为干部必读之书。综观毛泽东革命的一生，总是这样：在困难的时候，强调要看到成绩，要看到光明，要提高自己的勇气；在胜利的时候，则强调要想到困难和问题。他曾说过："我党历史上曾经有过几次表现了大的骄傲，都是吃了亏的。"[1]他要求全党同志要引为鉴戒。在抗日战争即将胜利的时候，他认为这时更需要准备应对困难，他在党的七大上提出的困难达十七条之多。1949年，共产党就要进城了，就要在全国执政了，预防和警惕党内出现骄傲和腐化而导致革命失败，已是迫在眉睫的大问题。所以，毛泽东在七届二中全会报告的结尾（这是整篇报告的高潮），尖锐地提出了"两个务必"，告诫全党，敲响警钟。毛泽东的预见，他所担心的事情，在新中国成立不久，果然就出现了。有一些干部居功自傲，更有一些干部贪污腐化，被糖衣炮弹所击中，毛泽东在七届二中全会所讲的那些话，不幸而言中。

今天，我国政治的、经济的、文化的、社会的以及外部的环境同建国初期是大大地不同了。在改革开放和社会主义市场经济条件下，人们的价值取向，人与人之间的关系都发生了深刻的变化。产生腐败现象的根源和土壤，同建国初期相比简直是不可同日而语了。在这种情况下，西柏坡精神，"两个务必"的思想，不但不能丢，而且要更加大力发扬，并且落实到实际行动中去。这已经成为党的建设中的一项十分紧迫而又要长久

---

[1]《毛泽东选集》第3卷，人民出版社1991年第2版，第947页。

坚持抓下去的任务。弘扬西柏坡精神，在今天，比任何时候更重要，更有针对性，更有现实意义。对西柏坡精神的研究，起步比较晚一点，应当加强研究和宣传的深度和力度，使它产生更深刻、更广泛的实际影响。人们还记得，胡锦涛同志当选总书记后，第一个令人瞩目的行动，就是带领中央书记处的同志，到西柏坡学习考察，参观党的七届二中全会会址。这是党中央向全党发出的号召，要求全党各级干部都要发扬西柏坡精神，牢牢记住"两个务必"，实践"两个务必"。此景此情，今天仍然深刻地留在人们的记忆中。胡锦涛同志指出："我们一定要牢记毛泽东同志倡导的'两个务必'，首先要从自身做起，从每一位领导干部做起！"他强调"越是改革开放和发展社会主义市场经济，越要弘扬艰苦奋斗的精神"[1]。胡锦涛同志的讲话，切中要害、意味深长，我们要很好地学习、宣传和贯彻实行。

从井冈山精神到西柏坡精神的发展过程，反映了中国共产党从领导革命武装斗争的开创时期到取得全国革命胜利的时期，这二十二年的战斗历程。这些革命精神是从革命实践中来的，又反过来极大地影响和推动革命实践向前发展。这些革命精神，在今天仍然是武装全党，推动中国特色社会主义事业科学发展的精神动力，是中国特色社会主义核心价值体系的根

---

[1] 胡锦涛在西柏坡学习考察时的讲话，2002年12月6日。

基。它们没有过时，也不会过时，是具有普遍意义和长久意义的。当然，要与时俱进，要结合新时代的特点来宣传，来弘扬，并且不断增添新的内容。井冈山精神、延安精神、西柏坡精神等一系列革命精神，都是同毛泽东的名字分不开的，毛泽东是这些精神的主要培育者和倡导者。它们是毛泽东思想的一个组成部分。

今天，我们研讨西柏坡精神，研讨加强新时期党的建设问题，重温历史，十分重要。从历史中汲取智慧，汲取营养，借鉴历史的经验，可以使我们今后的路子走得更好。

进行群众路线教育的极好教材 *

今天出席《朱镕基上海讲话实录》新书发布会，感到很荣幸。镕基同志是我非常尊敬和钦佩的一位党和国家领导人。我听过他的一些报告，读过他的《朱镕基讲话实录》，给我留下了永生难忘的印象。这次又读了他的上海讲话实录，更增强了这种感觉。我和我的同事们都有这样的感受，听镕基同志的报告，是一种享受，总是听不够。他对经济形势的深入了解，对复杂问题的精辟分析，对各种难题的巧妙解决，用生动而有时又带有一些幽默的语言，说得清清楚楚，明明白白，令人折服。各种经济数字，随手拈来，准确无误。他不回避问题，不回避困难，敢于揭露问题，敢于碰硬。不论亲耳聆听他的报告，还是阅读他的两部讲话实录，都感到他是在向你交心，常常会被他那中肯而发自肺腑的话语所打动。

---

* 这是作者 2013 年 8 月 12 日在《朱镕基上海讲话实录》新书发布会上的发言，发表在 2013 年 9 月 10 日《光明日报》，原题为《〈朱镕基上海讲话实录〉：一本"为人民服务"的好教材》。

朱镕基同志的两部讲话实录，内容很丰富，很精彩，反映了他从当上海市市长到当国务院副总理、总理的从政历程和心路历程。给我印象最深的是，两部讲话实录反映了他是怎样为人，怎样做"官"的，同时也是他要求我们的干部，特别是领导干部，应当怎样为人，怎样做"官"。

镕基同志非凡的工作能力，对经济形势发展的预见性；行事果断、雷厉风行的风格；正气凛然、疾恶如仇的品质；求真务实、不尚空谈的作风；清正廉洁、两袖清风的操守；为人正直、表里如一的气质等等，是有口皆碑的。这些优秀的表现，集中到一点，就是全心全意为人民服务，就是为人民办事，为人民做"官"，一切为了人民。他总是叮嘱我们的干部"要牢记我们是人民的公仆"，"时刻把国家利益和人民群众的疾苦放在心上"。

不论是当市长，还是当总理，他一上任提出的第一个要求就是：把政府建设成为全心全意为人民服务的、廉洁的、高效的政府。不论是当市长，还是当总理，他都亲自抓处理群众信访工作，经常到信访工作部门视察，把这项工作提到"关系到我们党和群众的关系，关系到我们廉政、法制，关系到我们执政党的生死存亡"这样的高度。他说："我们听不听群众意见，帮不帮他们办事，为不为他们服务，这是一个根本问题。"又说："信访工作是联系群众的重要的方式。我深深感到，我们离开了人民就一事无成。通过信访工作，不但能跟群众建立一种信息的联系，可以促进我们同群众建立起血肉联系。"在总理任上，中央信访部门报送他处理的人民群众给他个人的来信，一年竟达一万多封。

镕基同志自称是中央电视台《焦点访谈》的热情观众，把它誉为"群众喉舌"。他说："我过去几年每晚是一定要看《焦点访谈》，我觉得我作为总理，如果不去关心人民的疾苦，我当什么总理！我看完后必定打电话，不是打给部长就是打给书记。尽管我知道打电话只是针对几个农民或者几个老百姓的问题，但是我能为这几个农民、几个老百姓申冤，能够解决问题，我觉得好受一些，大事办不了，办一点小事也好。"一位日理万机的总理，对老百姓的疾苦那么上心，哪怕只是一个人两个人的事。这是什么精神呢？这就叫全心全意为人民服务。

镕基同志到上海当市长，一上任就抓三件事——"菜篮子"、公共交通、住房问题，而以抓"菜篮子"为突破口。这三件事，都是关系上海全市人民切身利益的，都是人民生活中迫切需要解决的问题。他甚至说："在上海取得民心主要是靠'菜篮子'，你把'菜篮子'丢了，我们就垮台了。"

镕基同志在即将卸去总理职务之前，顶着炎炎烈日，又到长江、黄河、松花江、嫩江沿线走了一遍，这些是1998年、1999年闹洪水时他去过的地方。他说："我不去看，我不放心，如果又是'豆腐渣工程'怎么办？如果在我卸任前夕，来一次洪水把大堤冲垮了，我怎么向老百姓交代？看了以后，我放心了。"

上面我举了几个具体事例。从这些事例中，我们可以得到深刻的启示。那就是一个当干部的，特别是当领导干部的，心里应当装着老百姓，善于体察民情，时刻关心他们的诉求、他们的疾苦，实实在在地为他们办事，为他们排忧解难。千万不要让那些以权谋私、贪图享乐之类的歪风邪气侵蚀了自己的灵魂，占据了自己的头脑。朱镕基同志作为市长，作为总理，他所思考的，他所关切的，他所解决的，当然都是涉及全市人民、涉及全国人民利益的大事。但是这些具体而生动的事例却很能说明问题。

2003年1月27日，朱镕基总理主持召开国务院第九次全体会议，这是这一届政府最后的一次全体会议。他在讲话中说了很多语重心长的话，包括对今后政府工作的十分中肯而切中要害的期望。有一句话使我感动了。他说："这是我人生历程中生命最愉快的五年，也是体会到自己还有一点价值的五年。这个价值就是，我跟大家一起，确实能为老百姓办一点实事。"

朱镕基同志从1988年2月到上海任市长，到2002年夏天卸任总理职务，这十四年的岁月中，有一条主线贯穿在他的言行中，那就是全心全意为人民服务。这是中国共产党的执政理念，也就是镕基同志的执政理念。

同志们，《朱镕基上海讲话实录》这部新书的出版，恰逢党的群众路线教育实践活动正在自上而下地全面展开，这是很有意义的。在我看来,这部新的讲话实录,连同 2001 年出版的那部讲话实录,是进行群众路线教育的活生生的教材。在这里,我要对这部新书的编辑者和出版者表示衷心的感谢。

陕甘革命根据地的历史贡献*

由陕甘边和陕北两块革命根据地组成的陕甘革命根据地，在中国革命历史上，具有举足轻重的地位。它不仅是西北地区的第一块革命根据地，更重要的是，在土地革命战争后期，南方十几块革命根据地相继丧失后，成为全国"硕果仅存"的最完整的一块革命根据地，为党中央和各路红军的长征提供了落脚点。而在陕甘革命根据地基础上扩大形成的陕甘宁革命根据地，则是八路军开赴抗日前线的出发点，成为中国共产党领导全国革命的大本营。概括起来说，叫作"一存两点"，这就是陕甘革命根据地的历史定位和历史贡献。

"硕果仅存"的陕甘革命根据地之所以能够成为中国革命史上的奇特现象，除了离国民党统治中心较远，以及适合红军作战的地理环境等客观条件以外，主要有以下几点。

---

* 这是作者2014年9月28日在中共甘肃省委召开的《陕甘边革命根据地的特点和历史地位学术研讨会》上的发言，发表在《中共党史研究》2014年第12期。

第一，有一批杰出的领袖人物，形成坚强的领导核心。这些领袖人物有坚定的马克思主义信仰和共产主义理想，有为民族独立、人民解放不怕牺牲、百折不挠的奋斗精神，有密切联系群众的工作作风，有坚强的党性，有非凡的领导才能。刘志丹、谢子长、习仲勋等就是他们当中的突出代表，他们形成了革命根据地的坚强领导核心。历来的革命运动证明，没有领袖人物的组织和领导，单有群众的自发行动，即使有革命的需求，也不可能形成有组织的力量，干不成革命事业。毛泽东说过："军事家活动的舞台建筑在客观物质条件的上面，然而军事家凭着这个舞台，却可以导演出许多有声有色威武雄壮的活剧来。"[1]刘志丹、谢子长、习仲勋等共产党人，团结和带领人民群众，在极端困难的情况下，创建陕甘边革命根据地，并在反"围剿"的斗争中不断巩固和扩大，与陕北革命根据地连成一片，形成了陕甘革命根据地。他们真是导演出了许多有声有色威武雄壮的活剧。从陕甘革命根据地走出来的许多干部，后来不少人担任了党和国家的重要领导职务。

第二，在同"左"的和右的主要是"左"的错误的斗争中，坚持正确的思想路线和政治路线。陕甘根据地的领导人搞武装起义，开始时还不懂得与农民结合、建立农村根据地的问题。当他们一旦了解井冈山的革命道路，同样适合于本地的斗争情

---

[1]《毛泽东选集》第1卷，人民出版社1991年第2版，第182页。

况，就高高举起了"工农武装割据"的旗帜。面对"左"倾路线执行者的种种责难，特别是鉴于"左"倾冒险主义对陕甘边革命根据地造成几次失败的惨痛教训，他们坚持井冈山道路不动摇，并且在具体运用井冈山斗争经验的基础上，有所创造，形成"狡兔三窟"的多区域战略布局，为后来陕甘宁边区的形成，打下了良好的基础。当武装斗争受到挫折，队伍中出现右倾悲观情绪时，他们又及时地加以克服。陕甘革命根据地最可宝贵的经验就是实行了毛泽东所说的"不'左'不右"的路线，即将马列主义基本原理同边区实际相结合，一切从实际出发的实事求是的思想路线。

第三，紧密地联系群众，赢得了广大人民群众的坚定支持。这是从陕甘边根据地到陕甘根据地得以生存和发展的根本条件。革命根据地通过武装斗争、土地革命、发展经济、兴办教育、改善医疗等一系列政策措施，解放了广大劳苦大众，改善了人民生活，赢得了民心。广大群众用鲜血和生命捍卫革命根据地。以刘志丹等为代表的边区领导人更是密切联系群众的典范。毛泽东评价刘志丹为"群众领袖，民族英雄"；评价谢子长为"民族英雄，虽死犹生"；称赞习仲勋是"从群众中走出来的群众领袖"。直到1942年毛泽东还深有感慨地说："我到陕北已经五六年了，可是对陕北的情况的了解，对于和陕北人民的联系,和一些陕北同志比较起来就差得多。"[1]正是陕甘边和陕北根据地党群之间形成的鱼水关系,为中共中央和红军长征落脚于陕甘革命根据地,提供了极为有利的群众条件。

第四,灵活运用党的统一战线策略,壮大了革命阵营。刘志丹说:"干革命需要建立统一战线,敌人越少越好,朋友越多越好。我们增加一分力量,敌人就少一分力量。"习仲勋在总结陕甘边历史经验时指出:"陕甘边斗争史,是统一战线又斗争又联系的历史。"刘志丹等领导人,根据陕甘地区的具体情况,采取多种多样的统战形式,创造了许多好的经验,做得有声有色。比如,争取、教育和改造绿林武装,派共产党员到国民党军队中开展兵运工作,争取有进步倾向的民间会道门等等。而特别应当指出的是,刘志丹等领导人,在民族危亡关头,高举团结抗日的旗帜,同西北军建立了密切联系,在西北地区开展抗日民族统一战线,为陕甘革命根据地的生存和发展营造了较为宽松的外部环境。这是陕甘革命根据地成为"硕果仅存"的革命根据地的一个十分重要的原因,自然也成为中央和红军长征理想的落脚点。陕甘革命根据地统战工作的成功经验,为中共中央和毛泽东在西北地区打开统一战线工作新局面,并在瓦窑堡会议上提出抗日民族统一战线策略,做出了一定的贡献。

---

[1]《毛泽东选集》第3卷,人民出版社1991年第2版,第822—823页。

第五,加强政权建设,使革命根据地得到进一步巩固。陕甘边苏维埃政府成立后,就制定了"十大政策",加快了经济、文化、军事等各方面的建设。同时,陕甘边区十几个县先后建立了各级苏维埃,形成了由边区、县、区、乡、村各级苏维埃组成的红色政权体系。陕甘边革命根据地在第二次反"围剿"斗争中不断扩大,与陕北根据地连成一片,建立了二十多个县级苏维埃政权,使根据地成为红军的后方基地。陕甘边区实行以民主政治建设为内容的局部执政的有益尝试,为后来党在陕甘宁边区执政作了积极探索,提供了一些经验。

在纪念陕甘边苏维埃成立八十周年的时候,回顾和研讨从陕甘边革命根据地到陕甘革命根据地的这段历史及其成功经验,缅怀创建和发展这块革命根据地的英烈们,是有重要意义的。通过这次研讨会,我个人也受到一次深刻的教育。

关于意识形态问题的一些看法[*]

一

当前意识形态领域的情况非常复杂，相当严峻。多少年来，邓小平同志批评的一手硬一手软的问题没有解决。马克思主义、反马克思主义之间的斗争，从来没有停止。有这样一种趋势，资产阶级自由化的势头，不但没有减弱，反而在增强。马克思主义者常常处于守势，处于被动地位，甚至失掉话语权。右的势力越来越猖狂，矛头直指共产党、党的领袖和社会主义制度，达到肆无忌惮的程度。有人竟敢于冒天下之大不韪，公开发表汉奸言论，称汪精卫为"真正的英雄"，把爱国主义者称为"爱国贼"。我们有些思想阵地并不巩固，甚至在一个一个地丢失。高校的问题应当

---

* 这是作者 2014 年 11 月 2 日在中国红色文化研究会召开的座谈会上的发言，发表在《中华魂》杂志 2015 年 1 月刊。

引起高度注意。有些高校教师可以在讲堂上公开发表反对马克思主义、反对共产党的言论，经济学、政治学、社会学等等只讲西方的。这样下去，很危险。历史经验证明，出事往往从高校起。高校又是培养将来的各级领导干部的摇篮，培养将来掌握国家权力的人。高校情况如何，决定于领导班子是否掌握在马克思主义者手里，而教师又是直接影响学生思想状况的关键因素，因此高校教师的选用、聘任应当严格把关，实在不行的停止聘用。

上述情况，是长期形成的，冰冻三尺非一日之寒。长期以来，只强调反"左"，反"左"是对的，但忽视了反右，甚至对右的东西听之任之。对所谓"新西山会议"中那些公开反对共产党领导的露骨言论，却可以容忍，置之不理；有的刊物专门同共产党对着干，连篇累牍地发表反面文章，制造舆论，蛊惑人心，造成极坏影响，却长期拖着不去解决。对这类问题，党和政府早就应该管了。对一些严重错误的言论，你越容忍，他就越放肆。

党的十八大以来，出现了重大转机，情况开始扭转。习近平同志关于意识形态问题的重要讲话和批示，令广大党员干部，马克思主义者，受到鼓舞，增强了信心，看到了希望。

二

有一些混乱的观念，应当予以澄清。举几个例子。

（1）把马克思主义的阶级观点、阶级分析方法同"阶级斗争为纲"混淆起来。现在，谁讲阶级斗争、阶级分析，就给你扣上"阶级斗争为纲"的帽子。这个问题要澄清。在社会主义社会里，阶级斗争还将在一定范围内长期存在，在某种条件下还可能激化。既要反对把阶级斗争扩大化的观点，又要反对认为阶级斗争已经熄灭的观点。这是上了宪法和党章的，写进了第二个历史决议。从邓小平同志到江泽民同志也一直是这样讲的。阶级斗争，特别是意识形态领域里的斗争，必将长期存在。这是客观事实，不是哪个人主观想出来的。害怕讲阶级斗争的人，有一些可能是因为过去受过不公正待遇、受到过阶级斗争扩大化的冲击。但有一些人，恰恰自己就是搞阶级斗争的。他天天在那里搞阶级斗争，却不许别人讲阶级斗争。承认阶级斗争在一定范围内存在，同"阶级斗争为纲"是有原则区别的。"阶级斗争为纲"是把阶级斗争作为社会主义社会的主要矛盾，同以经济建设为中心的政治路线相对立；把阶级斗争扩大化、绝对化，把不属于阶级斗争的问题也当作阶级斗争。这是完全错误的，应当批评的。坚持以经济建设为中心毫不动摇，同时又承认在一定范围内将长期存在阶级斗争，这样的认识和提法才是全面的。

（2）把人民民主专政同依法治国对立起来。任何国家都是实行专政的。问题在于谁专谁的政。是少数人专多数人的政，还是多数人专少数人的政，两者性质是不同的。美国不实行专政吗？对于占领华尔街、反对金融寡头的广大穷人，它毫无顾忌地动用武力进行清场。这就是专政。我们国家实行的是人民民主专政，就是在占人口绝大多数的人民内部实行广泛的民主，对严重危害国家和人民利益的极少数敌对分子实行专政。它是保障国泰民安不可缺少的武器。所以说，人民民主专政并不亏理，要理直气壮地讲。人民民主专政是我们的国体。依法治国是人民民主专政的内在要求，它为实行人民民主专政提供法律保障。人民的民主受到法律的保护，对危害国家和人民利益的敌对分子，依法给以制裁。两者相辅相成，并行不悖。

（3）把真左和假左（即带引号的左、极左）混淆起来。左，是革命的，进步的，马克思主义的；"左"是非马克思主义的，甚至是反马克思主义的。现在是左、"左"不分。左派，在一些人那里成为贬义词，受到压制和攻击。谁讲马克思主义，讲革命传统，就说你"左"，让你抬不起头来。"文化大革命"中是宁"左"勿右，改革开放以后，又出现了一种宁右勿左的倾向。连人民民主专政都被有些人当成是"左"的东西。谁对错误的言论进行批评，谁就被扣上搞"文革大批判"的帽子，遭到围攻。

（4）把邓小平同志提出的"不争论"扩大化、绝对化，歪曲了邓小平的思想。邓小平同志提出的"不争论"，是针对具体问题而说的。在大是大非面前，他非常坚定，一点也不含糊。他说，要理直气壮地坚持四项基本原则。针对资产阶级自由化思潮，邓小平同志旗帜鲜明地指出："某些人所谓的改革，应该换个名字，叫作自由化，即资本主义化。……我们讲的改革与他们不同，这个问题还要继续争论的。"[1]有人大讲"不争论"，结果是马克思主义者的手脚被捆住，右的错误言论大行其道。还有一个所谓"不炒热"的问题。这要看什么情况，不能一概而论。有些问题可以这样做，有些问题就不能这样做。比如对党和党的领袖进行造谣诬蔑的，就要澄清，不能怕"炒热"而置之不理。人家早就把谣言炒热了。谣言不胫而走，搞得沸沸扬扬，以讹传讹，信谣的人越来越多，造成了极其恶劣的影响。这就不能以怕"炒热"而束缚了自己，就要理直气壮地拿事实进行辟谣。凡是这样做了的，都收到好的效果，谣言销声匿迹。

三

面对现在的情况怎么办？首先要同以习近平同志为总书记的党中央保持高度一致。前面我说过，习近平同志担任总书记以后，意识形态领域的情况，在很大程度上得到扭转，已经见到成效，方向明确了，坚定了马克思主义者的信心。习近平同志的讲话非常精彩，有的放矢，观点鲜明，很有说服力。不

---

[1]《邓小平文选》第3卷，人民出版社1993年版，第297页。

仅有理论深度、文化底蕴，言语又生动活泼，分寸掌握得恰到好处。他的讲话，结合新时代的特点，继承了毛泽东、邓小平等老一代革命家一切优秀遗产和宝贵经验；继承了党的优良传统，发扬了党的正气；同时又汲取了中华文化的精华，是马克思主义与中国实际相结合的最新成果。他的系列讲话，是治党治国的指导思想，当然也是进行意识形态领域斗争的指导思想和有力武器。我们要认真学习和大力宣传习近平同志的系列讲话，并以此来统一大家的思想。

意识形态领域的斗争是长期的，对此要有充分的思想准备。不能太天真。鲁迅的话，"战斗正未有穷期"。现在情况虽然有所好转，但并不巩固，斗争不会停止，会长期较量下去。树欲静而风不止。国际上的斗争同国内的斗争又是相呼应的。毛泽东同志早就指出，意识形态领域的斗争是长期的。邓小平同志也强调指出，反对资产阶级自由化要贯穿于整个现代化的过程中。毛泽东、邓小平的这些思想都被实践证明了。

在意识形态领域的斗争中要主动出击，打主动仗，改变过去多年来的被动处境。旗帜要鲜明，观点要鲜明，"不要含含糊糊，遮遮掩掩"。如果自己都理不直气不壮，腰杆不硬，旗帜不鲜明，谁还会跟你走？斗争一定要讲究方法。主要是摆事实，讲道理，拿捏好分寸，以理服人。不随意上纲上线，不搞大批判式的批评。不论是写文章还是发表讲话，要着眼于绝大多数的中间力量，使他们能接受；集中批评那些攻击诬蔑共产党、党的领袖和社会主义,危害人民政权的极少数人。意识形态领域的工作,归根到底是争取人心的工作。毛泽东同志说:"人心就是力量。"习近平同志进一步强调:"人心是最大的力量。"一些西方国家在发展中国家搞颜色革命,也是先大做舆论工作,影响和争取人心。他们掌握和利用强大的高科技的舆论宣传工具,进行文化和价值观的思想渗透,做到一定程度就发动"颜色革命"。

意识形态问题不是孤立的。它既密切联系政治问题,又密切联系经济基础问题。意识形态领域的斗争,往往发展成为政治斗争,最后会导致政权的争夺。意识形态对经济基础有重要的反作用,但归根到底决定于经济基础,适应经济基础。有什么样的经济基础,就有什么样的上层建筑、什么样的意识形态,并反过来为经济基础服务。这是不以人们的意志为转移的客观规律。现在各种错误思潮泛滥,固然同我们的思想宣传工作不力有关,但更重要的是经济基础发生了重大变化。拿国有经济来说,它的总产量只占经济总量的25%,只占出口贸易额的11%,非国有企业反成为外贸出口的主力军。国有经济是不是处于主导地位都成问题,怎能保证主体地位?一些人还在极力鼓吹"民进国退",谁讲"国进民退"就受到围攻。也有人想把"混合经济"这种合法形式,作为推行私有化的途径。另一方面,则拼命抹黑国有企业,把国企说得一无是处。这是不公道的,别有用心的。我们这三十多年经济起飞,是靠国企打下的基础、创造的种种基本条件。真正能同外国资本进行竞争的也是国有大企业。国企需要改革，是改掉国企本身的毛病，使之更有效率，更健康更壮大。有什么问题就改什么，不能借机搞私有化。国企是全国人民的财产，不能轻易一卖了之，化公为私。邓小平同志从实行改革开放那天起，就一直强调必须以公有制为主体。这是非常重要的，必须坚持。现在我们国家的国企经济所占比例，还不如有些西方资本主义国家。经济基础发生了重大变化，加上西方文化、价值观的大量涌入，就出现了今天思想领域的情况。

在思想宣传工作中，应当如实地、系统地宣传建国后的前三十年各方面取得的成就，特别是建设方面的成就（如基本建设、水利建设、科学技术等等）。这方面的宣传很不够。一些别有用心的人就专门抹黑前三十年的历史，使得人们一提到前三十年，就是讲反右、"大跃进"、"文化大革命"，就是一个运动接着一个运动，好像什么好事都没有做。为了证明改革开放的必要性，就贬低前三十年，造成很大的负面影响。那些没有亲身经历过新旧社会两重天对比的人们，很容易接受这种宣传。与此相关联的，有一种情况值得警惕，就是"民国热"。有人流露出对旧中国的留恋之情。有人替蒋介石翻案，把蒋介石作为正面人物来评价，拿蒋介石日记做文章，声称要改写近代史。这是历史虚无主义的一种赤裸裸的表现。

中国红色文化研究会作为党在意识形态领域中的一支力

量，要坚定不移地遵循和宣传习近平总书记关于意识形态问题的系列重要讲话和批示精神，团结和不断扩大自己的队伍，发挥自己的作用。

发扬长征精神，走好新的长征路＊

长征，是中国共产党历史上最壮烈、最惊心动魄、最富有神奇色彩的一页。在长达两年的长征途中，我们的红军将士们在中国共产党的坚强领导下，表现出来的不怕艰难困苦、英勇奋斗的精神，紧密团结、一致对敌的精神，舍己为人、自我牺牲的精神，不怕疲劳、连续作战的精神，创造了许许多多可歌可泣的人间奇迹。他们为解放人民而战，为正义事业而战，为了一个共同的崇高理想而战。这是一种什么精神？这就是长征精神。有了这种精神，还有什么困难不能克服？还有什么敌人不能战胜？还有什么压力不能顶住？

长征，八十年过去了，中国早已经发生了翻天覆地的变化。但是今天重温这段历史，仍然感受到一种震撼的力量，一种鼓舞的力量，一种催人奋进的力量，一种对党和人民的事业充满信心的力量。一支不大而且装备很差的红军队伍，却能在

＊ 这篇文章是作者为纪念中央红军长征胜利八十周年而写的，发表在《中华魂》杂志2015年10月刊。

几十万敌人日夜的围追堵截之中，跨越无数的天险，走过人迹罕至的雪山草地，忍饥受寒，边打边走了整整二万五千里，终于取得最后的胜利。这不是人间奇迹吗？

红军何以能够创造这样的人间奇迹？分析其原因，对今天仍然有现实意义，有教育作用，给我们很多启示。

首先，有中国共产党的领导，这是最根本的一条。中国共产党是由马克思主义科学思想武装起来的党，是为民族独立、人民解放而奋斗的党，是由具有高度政治觉悟的先进分子组成的党。它有自上而下一直到最基层的严密组织和铁的纪律，是凝聚红军队伍的坚强力量。每个共产党员起着模范带头作用，是冲锋在前、吃苦在前的尖兵。正如毛泽东所说的："谁使长征胜利的呢？是共产党。没有共产党，这样的长征是不可能设想的。中国共产党，它的领导机关，它的干部，它的党员，是不怕任何艰难困苦的。"[1]

其次，由于共产党实行了正确的路线和正确的军事指挥。路线正确与否是决定一切的。遵义会议纠正了"左"倾教条主义的错误和军事上的瞎指挥，实际上确立了毛泽东的领导地位。这是保证长征胜利直接的决定性的因素。没有正确的路线特别是没有正确的军事指挥，这样的长征同样是不可设想的。所谓在实际上确立了毛泽东的领导地位，是指毛泽东在遵义会

---

[1]《毛泽东选集》第1卷，人民出版社1991年第2版，第150页。

议上当选政治局常委、进入党的核心领导之后,他的主张、他的意见、他对战争的指挥,在党中央处于主导地位。尽管党中央内部还有不同意见的争论,但最终总是按照毛泽东的意见办事。照毛泽东的意见办,红军就能料敌如神,出奇制胜,化险为夷,变被动为主动,取得一个又一个的胜利。遵义会议之后,相继召开的扎西会议、苟坝会议、会理会议等一系列政治局扩大会议,进一步巩固了遵义会议的成果,进一步巩固了毛泽东在党和红军的领导地位。同时,在以毛泽东为代表的正确路线指导下,采取正确的方针和方法,比较圆满地解决了党内各种不同性质的矛盾。一方面克服了"左"倾教条主义的错误;又一方面反对了张国焘的右倾分裂主义的行径,达到了党和红军的团结和统一。

第三,由于党和红军具有共同的坚定的理想信念。正如《长征组歌》里所写的:"革命理想高于天。"有了共同的坚定的理想信念,红军将士们就不怕任何艰难困苦,而表现出一种压倒一切困难而不被任何困难所屈服的大无畏精神;就有舍己为人、宁可牺牲自己而把生的希望留给别人的集体主义精神;就有紧密地团结一致、英勇杀敌的英雄气概。红军将士们,为什么在体力不断下降的情况下,能够在大山峡谷的崎岖山路上,一天行军一百二十里,在紧急时甚至一天行军二百四十里?那已经超出了人的体能极限了!没有坚定的理想信念的精神支撑,能够做到吗?显然是做不到的。恰恰是这一百二十里、二百四十里的日行军速度，争取了最可宝贵的时间，赢得战胜敌人的先机。长征途中也有极少数叛逃离队而去的人，那就是因为没有坚定的理想信念，用今天的话说，就是精神上缺"钙"。

第四，由于有人民的支持。红军同自己的对手国民党军队有着本质的区别。它是全心全意为人民服务的军队，是解放人民而不压迫人民的军队，是有严格军纪、对人民秋毫无犯的军队，因而得到人民的拥护和支持。在遵义会议陈列馆里，人们可以看到这里珍藏着许多当年红军送给穷苦百姓的衣物、器具等。红军烈士陵园里，有一尊高大的铜像，塑造的是一位红军女战士，怀里抱着一个骨瘦如柴、鼓着大肚皮的患病儿童，形象十分感人。这位女战士是一名军医，为老百姓治病，后来牺牲了。这是一个真实的故事。据说这名军医实际是男性，有真实姓名，人民解放军总后勤部把他作为长征中第一位牺牲的医生，载入了名册。这尊塑像极具典型意义和象征意义，是红军与老百姓鱼水情的真实写照。没有人民的拥护和支持，红军要取得长征的胜利也是不可能的。

红军所以能够取得长征的最后胜利，以上讲了四条。当然不只是这四条，还可以列出许多。例如，实行正确的民族政策和统战政策，利用敌军内部的矛盾等等。但是上述四条我认为是最主要的。

经过长征，红军队伍人数是大大地减少了。但是，经过长征的洗礼，如毛泽东所指出的，这支队伍不是更弱了而是更强了。中国人民解放军就是在这支队伍的基础上发展壮大起来的，他们是人民解放军的精华和骨干力量。在这里，我们要对长征中牺牲的将士们，致以崇高的敬礼，缅怀他们为革命立下的功绩！

今天，我国人民正在以习近平同志为总书记的党中央坚强领导下，有条不紊地进行中国特色社会主义建设，为实现中华民族伟大复兴的中国梦而奋斗。当今的情况，同红军长征时的情况，可以说是天悬地隔。环境、条件、任务都不同了。但是，从长征中得到启示，从长征精神中汲取营养，仍然有重要意义。如果把建设中国特色社会主义比作新的长征，那么，就让我们发扬长征精神，走好新的长征路，去创造新的奇迹，争取新的伟大胜利。

中国共产党是有独特优势的马克思主义政党*

——为纪念中国共产党成立九十五周年而作

中国共产党从诞生至今，已经九十五年了。

这九十五年，对中国共产党来说，是为民族独立、人民解放、国家富强奋斗的九十五年；是为谋取全国各族人民根本利益努力的九十五年；是顺应时代潮流，根据客观形势变化，提出新理论、新方针、新政策，推动历史前进的九十五年；也是在克服党内各种错误倾向和清除种种消极腐败现象过程中不断加强自身建设的九十五年。

从有历史以来，中国不曾有这样的一个政治集团，它从一个只有几十人的小党，历经磨难，在不长的时间内，发展成为成熟而强有力的马克思主义大党，领导一个东方大国沿着中国特色社会主义道路阔步前进，取得举世瞩目的成就。

这个历史现象绝不是偶然的，有其深层次的内在原因，是由中国共产党的自身性质及其独特的优点所决定的。

---

* 这篇文章发表在2016年6月3日《人民日报》。

中国共产党是有着远大而坚定不移理想的党

中国共产党自成立之日起,就把实现共产主义作为自己的最高理想。习近平同志指出:"我们党以马克思主义为立党之本,以实现共产主义为最高理想,以全心全意为人民服务为根本宗旨。这就是共产党人的本。"[1]这就把它区别于一切政党的根本所在清楚地点出来了。

实现共产主义需要经历漫长的历史进程,这就必须划分为若干个发展阶段。中国共产党把自己的奋斗纲领区分为最高纲领和最低纲领,就是这个道理。它在各个不同的历史阶段都鲜明地提出代表那个阶段最广大人民利益和愿望的具体奋斗纲领。而在实现当前任务时,又永远不忘悬在心目中最美好的远大理想,不使自己在纷纭复杂的环境中迷失方向,并以这种远大理想来团结和激励人们为实现当前任务而奋斗。这样,就把实现最高理想同完成每个历史阶段的具体任务紧密联系起来,贯通起来。

中国共产党人掌握了马克思主义这个"望远镜",使自己胸怀开阔,具有长远的战略眼光和科学预见。20世纪20年代

---

[1]《习近平关于党风廉政建设和反腐败斗争论述摘编》,中央文献出版社、中国方正出版社2015年版,第146页。

末30年代初，大革命失败，革命濒临失败的危险。在这危急关头，毛泽东同志信心百倍地提出"星星之火，可以燎原"的科学论断。抗日战争爆发不久，毛泽东同志及时提出关于持久战的战略方针，精辟地揭示了中国抗日战争的发展规律。在中国民主革命即将胜利的历史时刻，党中央和毛泽东同志及早地对新中国的根本政治制度以及经济、政治、外交等方面应采取的政策，作出清晰而明确的规定。在新中国成立后进行社会主义现代化建设的几十年间，党中央在集中精力处理当前各项工作任务的同时，着手规划未来，对今后五年、十年、几十年乃至更长的时期，作出基本规划和远景构想。这就使全党和全国人民有着共同的、明确的奋斗目标，使党的政策保持一定的连续性，使今天与明天的建设事业相衔接，把当前的利益同长远的利益结合起来。这在那些政党"走马灯"式的轮换执政的国家，是根本做不到的。

邓小平同志谈改革问题时，曾说："改革的意义，是为下一个十年和下世纪的前五十年奠定良好的持续发展的基础。没有改革就没有今后的持续发展。所以，改革不只是看三年五年，而是要看二十年，要看下世纪的前五十年。"[1]习近平同志称赞邓小平同志看得远，想得深。作为我们党的总书记，习近平同志同样具有远大的眼光。他说："人无远虑，必有近忧。

---

[1]《邓小平文选》第3卷，人民出版社1993年版，第131页。

全面建成小康社会之后路该怎么走？如何跳出'历史周期率'、实行长期执政？如何实现党和国家长治久安？这些都是需要我们深入思考的重大问题。"[1]

中国共产党是代表全民族根本利益，全心全意为人民服务的党

中国共产党是工人阶级的先锋队，但它不仅忠诚地为工人阶级的利益而奋斗，同样忠诚地为全民族的利益而奋斗。早在抗日战争初期，毛泽东同志就昭告天下："我们共产党是无产阶级的先锋队，同时又是最彻底的民族解放的先锋队。"[2]"共产党是为民族、为人民谋利益的政党，它本身决无私利可图。"[3]在革命、建设、改革的各个时期，中国共产党的命运总是同中华民族的命运、中国人民的命运紧密地联系在一起的。

把全心全意为人民服务作为根本宗旨，是中国共产党区别于其他一切政党的根本标志，是它最优胜的地方。中国共产党之所以能够在极端恶劣的社会条件下生存下来、发展起来、壮大起来，归根到底就在于它是植根于人民群众之中，为了人民群众的利益而殚精竭虑地工作着、奋斗着。中国共产党的全部

---

[1]《习近平关于协调推进"四个全面"战略布局论述摘编》，中央文献出版社2015年版，第99页。
[2]《毛泽东文集》第2卷，人民出版社1993年版，第42页。
[3]《毛泽东选集》第3卷，人民出版社1991年第2版，第809页。

历史证明：为人民服务得好，还是脱离人民、违反人民的意愿，这是中国共产党走向胜利还是遭受挫折的关键所在。

为人民服务的根本宗旨，体现在党的理论和路线方针政策上，体现在党的执政理念上，也体现在党的工作作风上。毛泽东同志在《论联合政府》中指出："二十四年的经验告诉我们，凡属正确的任务、政策和工作作风，都是和当时当地的群众要求相适合，都是联系群众的；凡属错误的任务、政策和工作作风，都是和当时当地的群众要求不相适合，都是脱离群众的。"[1]邓小平同志把人民群众拥护不拥护、赞成不赞成、高兴不高兴、答应不答应，作为我们党制定各项方针、政策的出发点和归宿。这就是说，是否符合广大人民群众的利益，是检验党的路线方针政策是否正确的根本标准。江泽民同志、胡锦涛同志在这方面也有许多精辟的论述。习近平同志说："中国共产党坚持执政为民，人民对美好生活的向往就是我们的奋斗目标。我的执政理念，概括起来就是：为人民服务，担当起该担当的责任。"[2]这就是中国共产党谋划国内外大事的根本出发点。

改革开放以来，我国社会呈现利益诉求多元化的复杂格局。利益诉求有差别就会产生矛盾，处理不好还会导致冲突。

---

[1]《毛泽东选集》第3卷，人民出版社1991年第2版，第1095页。
[2]《习近平关于协调推进"四个全面"战略布局论述摘编》，中央文献出版社2015年版，第135页。

只有中国共产党有威望、有力量、有办法,从中找到全社会意愿和要求的最大公约数,采取统筹兼顾的方针和民主协商的方法,正确处理各种矛盾,把整个中华民族凝成一体。这一过程,尤其关切广大普通劳动者的根本利益。正如习近平同志所要求的:"实现好、维护好、发展好最广大人民根本利益,特别是要实现好、维护好、发展好广大普通劳动者根本利益"。[1]

到2020年我国要全面建成小康社会。全面建成小康社会,重点在"全面",它涉及不同社会领域,覆盖不同地域和人群等,使发展成果更多更公平地惠及全体人民,由人民共享。全面建成小康社会,关键在农村。习近平同志指出:"没有农村的小康,特别是没有贫困地区的小康,就没有全面建成小康社会。"[2]他还特别强调,全面建成小康社会,一个民族都不能少。中国共产党的各级组织已经立下军令状,到2020年使贫困人口全部脱贫。这是一个具有历史意义的伟大工程,是实现我们长远理想的重要组成部分。

中国共产党是集中的统一的党

中国共产党所以有强大的凝聚力和战斗力,能够成为人民

---

[1]《习近平关于全面建成小康社会论述摘编》,中央文献出版社2016年版,第149页。
[2]《习近平关于协调推进"四个全面"战略布局论述摘编》,中央文献出版社2015年版,第25页。

的领导核心，就在于全党有建立在共同理想信念基础上的团结一致和集中统一。所谓集中统一，就是指党的最高权力在中央，全党都要同中央保持一致，自觉维护中央权威，也就是党的民主集中制所规定的"全党服从中央"这一条。

毛泽东同志1945年在中共七大预备会议上曾提出："我们要向中央基准看齐，向大会基准看齐。看齐是原则，有偏差是实际生活，有了偏差，就喊看齐。"[1]七十年后，习近平同志又进一步提出向中央看齐的问题。他说："各级领导干部都要有看齐意识，自觉向党中央看齐，向党的理论和路线方针政策看齐。""我们中央政治局的同志必须有很强的看齐意识，必须经常看齐、主动看齐，这样才能真正看齐。"[2]相隔七十年两次提出这个问题，都是在重要的历史节点，意义重大。

今天，中国共产党所处的历史条件和社会环境同革命战争年代大不相同了，同新中国成立初期实行计划经济时期相比较也发生了很大变化。正如习近平同志指出的："当前，我国已经进入发展关键期、改革攻坚期、矛盾凸显期，我们面临的矛盾更加复杂，既有过去长期积累而成的矛盾，也有在解决旧矛盾过程中新产生的矛盾，大量的还是随着形势环境变化新出现的矛盾。"[3]同时，我国正处在复杂多变的国际环境，遇到国

---

[1]《毛泽东文集》第3卷，人民出版社1996年版，第298页。
[2]《习近平总书记重要讲话文章选编》，中央文献出版社2016年版，第345页。
[3]《习近平关于协调推进"四个全面"战略布局论述摘编》，中央文献出版社2015年版，第86页。

内外的各种严峻挑战,担负着空前繁重的任务。越是在这种情况下,越要加强党中央的集中统一领导。

保证党中央的集中统一领导,一靠正确的理论和路线方针政策,二靠严明的纪律。纪律严明是我们党的优良传统和独特优势。在所有的纪律中,政治纪律和政治规矩是第一位的。历史证明,严重违反政治纪律和政治规矩对党的危害极大。我们党的历史上,曾发生过几次严重破坏党的政治纪律、进行分裂活动的事件,给党造成了很大损失。

按照党的政治纪律和政治规矩,任何党员,不论职位高低、资历深浅,决不容许反对中国共产党的领导,决不容许反对党的大政方针,更不容许拉帮结派,搞宗派主义、山头主义,破坏党的集中统一。

不言而喻,我们讲的集中统一是建立在广泛的充分的民主基础上的集中统一,是反映了全国绝大多数人民意愿的集中统一。党的团结和统一,是党的生命,是党的力量所在。只要中国共产党是团结一致、集中统一的,实行一条正确的路线,我们的国家就是稳固的,谁也推不倒;我们的国家就是不断向前发展的,谁也阻挡不了。在当代中国,没有任何一个政治力量能够代替中国共产党的领导。离开了中国共产党的领导,国家必定陷于分裂和倒退,实现中华民族伟大复兴的中国梦就将化为泡影。

中国共产党是富于独创精神、勇于开创新局面的党

九十五年来,中国共产党领导中国人民从胜利走向胜利,这是一个在不断探索中开创新局面的过程。

1927年大革命失败后,怎样继续革命?走俄国十月革命城市起义的道路,这是当时一些领导人曾经主张过的,因为有例可循,而且是上了书的。毛泽东同志则不然。他敢于闯新路,另辟蹊径,走出一条农村包围城市的独特的中国革命道路,中国革命因此取得伟大胜利。

新中国成立后,进行社会主义革命,中国共产党又创造性地走出一条新路,即用和平的、渐进的方法,而不是用激烈的方法进行社会主义改造。这又与苏联的做法不同。结果,这场如此深刻的社会革命没有引起社会的震荡,生产没有下降反而有所发展,适应了当时生产力发展的要求。

"文化大革命"结束后,中国向何处去的问题又摆在中国共产党面前。以邓小平同志为核心的党的第二代领导集体,集中全国人民的意志,提出改革开放的新政策,开辟一条中国特色社会主义道路,开创了中国社会主义现代化建设的新局面、新时代。以江泽民同志为核心的党的第三代中央领导集体和以胡锦涛同志为总书记的党中央,坚持改革创新,使我国改革开放和社会主义现代化建设进入一个新的时期。

党的十八大以来,以习近平同志为总书记的党中央,在前

人业绩的基础上,把中国特色社会主义事业更加深入地推向前进。习近平同志提出一系列治国理政的新理念、新思想、新战略。他提出实现中华民族伟大复兴的中国梦这一伟大理想,使人耳目一新,这不正是中国近代以来无数志士仁人所追求的梦想吗?他提出的"四个全面"战略布局和新发展理念,是治国理政与时俱进的新创造、新概括,抓住了当代中国社会发展的主要矛盾。他全方位地推进中国特色大国外交,使我国的国际地位和国际影响力达到前所未有的程度。十八大以来,我国在经济、政治、文化、军事、外交、党建等各个方面,都出现了令人振奋的新气象、新局面。

九十五年来,中国共产党带领中国人民每开创一个新局面,生产力就得到进一步发展,人民生活就得到进一步改善,社会进步程度就得到进一步提高。新局面的开创,不是凭空想出来的,是被前进路上遇到的问题和困难逼出来的,是坚持把马克思主义基本原理同中国实际和时代特征相结合,总结国内外正反两方面经验,凭着自己的智慧和勇气,经过缜密的思考作出正确战略抉择赢得的。

中国共产党是具有自我净化、自我提高能力的党

中国共产党一个突出的优点是:有能力、有魄力、有办法反对和纠正党内一切脱离人民群众、腐蚀党的健康肌体的消极

现象。这是我们党能够保持生机和活力、不断发展壮大的根本原因之一。世界上有不少政党，包括一些曾经盛极一时的大党老党，最后一败涂地。它们不是被别人打败的，是被自己打败的，失败的主要原因在于它们自身。这是一个十分值得深思的问题。

20世纪40年代的延安整风是中国共产党自我净化、加强自身建设的一个伟大创举。延安整风集中反对了危害党、危害革命的"三风"——主观主义、宗派主义、党八股，提高了全党的马克思主义思想水平，保持了党在思想上、政治上的一致，为夺取中国革命胜利奠定了思想基础。当时，毛泽东同志专门印发了郭沫若写的《甲申三百年祭》一书，要同志们引以为戒，不要犯胜利时骄傲的错误。用整风的方法开展批评和自我批评，解决党内的思想矛盾，扶正祛邪，固本强基，已经成为我们党加强自身建设的好传统。民主革命胜利前夕，中国共产党即将在全国执政，毛泽东同志又发出了"决不当李自成"的警告，提出坚持"两个务必"、警惕"糖衣炮弹"的袭击。新中国成立不久，党中央一旦发现党内出现了贪污腐败现象，立即发动"三反"，挽救了许多干部，保持了党和政府清正廉洁的形象。

改革开放三十多年来，如习近平同志所说的："改革开放三十多年来，以邓小平同志为核心的党的第二代中央领导集体、以江泽民同志为核心的党的第三代中央领导集体、以胡锦涛同志为总书记的党中央始终把党风廉政建设和反腐败斗争作为重要任务来抓，旗帜是鲜明的，措施是有力的，成效是明显的。"[1]

党的十八大以来，以习近平同志为总书记的党中央，对党风廉政建设和反腐败斗争作出总体判断，认为"反腐败斗争形势依然严峻复杂"，"如果任凭腐败问题愈演愈烈，最终必然亡党亡国"。[2]党中央从抓作风建设入手，制定并带头执行八项规定，集中解决"四风"问题。党中央以前所未有的力度，保持惩治腐败的高压态势，坚持"老虎""苍蝇"一起打。习近平同志发表了一系列讲话，表达党中央反"四风"、反腐败斗争的决心和意志并付诸实践。习近平同志特别强调要从制度上解决腐败问题。他说："要坚持用制度管权管事管人，抓紧形成不想腐、不能腐、不敢腐的有效机制，让人民监督权力，让权力在阳光下运行，把权力关进制度的笼子里。"[3]党的十八大以来，只有三年多时间，我们党在反腐倡廉方面取得了举世瞩目的成效，彰显了中国共产党自我净化、自我治理的能力和决心。

任何一个政党，像一个人一样，没有不犯错误的。中国共

---

[1]《习近平关于党风廉政建设和反腐败斗争论述摘编》，中央文献出版社、中国方正出版社2015年版，第4—5页。
[2] 同上书，第3页。
[3] 同上书，第130页。

产党十分郑重地对待自己的错误，认真地作自我批评，两个历史决议就是明证。犯错误当然是坏事。但是我们党正是从错误中汲取教训，深化对革命、建设、改革规律的认识，形成一些新的理论观点，推进马克思主义中国化的进程，提高了领导能力。

20世纪40年代，中共中央为纪念抗战六周年发表的宣言中曾经指出："二十二年的历史实践已经证明，我党奋斗的方向，是使中华民族起死回生的完全正确的方向，并将在今后的历史实践中继续坚持下去，直到完全胜利而后已。"[1]使中华民族起死回生的历史任务，在中国共产党领导下，以中国民主革命胜利、中华人民共和国成立、中国人站起来了为标志，已经胜利完成。我们深信，实现中华民族伟大复兴的历史伟业，在中国共产党领导下，也一定能够取得完全胜利！

---

[1]《毛泽东文集》第3卷，人民出版社1996年版，第47页。